Eva Mayer-Bahl

NOCKERL, KNÖDEL,
SCHMARRN UND STRUDEL

Eva Mayer-Bahl

NOCKERL, KNÖDEL, SCHMARRN UND STRUDEL

Süßes und Deftiges aus
der Donaumonarchie

CIP-Titelaufnahme der Deutschen
Bibliothek
Mayer-Bahl, Eva:
Nockerl, Knödel, Schmarrn und
Strudel: Süsses und Deftiges
aus der Donaumonarchie /
Eva Mayer-Bahl. – 2. Aufl. –
München; Wien; Zürich: BLV, 1991
ISBN 3-405-13884-1

Zweite Auflage

BLV Verlagsgesellschaft mbH
München Wien Zürich
8000 München 40

Einbandentwurf: KMS Graphic,
München
Einbandfoto: Kurt Sattelberger,
Füssen
Zeichnungen und Karte auf
Seite 10: Waltraud Berger, Icking
Lektorat: Inken Kloppenburg
Textlayout: Anton Walter,
Gundelfingen
Herstellung: Sylvia Hoffmann

Satz und Druck: Appl, Wemding
Bindung: Sellier, Freising

Printed in Germany
ISBN 3-405-13 884-1

Zu den Bildern auf den
Zwischentiteln

Seite 15
Gebockelte (= sitzende) Bäuerin
aus Großscheuern/Kreis
Hermannstadt in sächsischer
Festtracht

Seite 26/27
Heuernte
Heimweg von der Arbeit
(Neubeschenova)
Ziehbrunnen in der Puszta
Festlich geschmückte Pferde
Wehrkirche in Harman
(Honigberg)
Stundenturm in Sighisoara
(Schässburg)
Donauschwäbische Trachten
Batschka-Trachten

Seite 31
Kroatische Volkstänze und
Volkstrachten

Seite 51
Donauschwäbische Bauernstube

Seite 71
Sächsischer Bauer aus Mortes-
dorf/Kreis Hermannstadt im
Kirchenpelz

Seite 79
Donauschwäbisches Paradebett

Seite 91
Serbische und ungarische
Nationaltrachten
Slowenische Nationaltracht
Kroatische Nationaltrachten

Seite 115
Altes Bauernhaus, mit Rohr
gedeckt, in Ungarn

Zu diesem Buch

Es war ein ehrenvolles Vertrauen, welches man in mich setzte, dieses Buch herauszubringen. Auf Anregung vieler Freunde sowie Mitglieder der »Südostdeutschen Kulturstiftung« und Ortsgemeinschaften fing ich vor knapp neun Jahren an, Rezepte aus dem alten k. u. k.-Österreich zu sammeln. Ein Beweis sollte es auch dafür sein, wie in einem Vielvölkerstaat ein Nachbar problemlos des andern Nachbarn Küche würdigte und teilweise übernahm.

Zuerst fing ich bei der eigenen Familie an, besuchte Verwandte, Freunde und Bekannte. Außerdem führte ich einen regen Schriftwechsel mit dem In- und Ausland, immer mit der Bitte, mich bei meiner Arbeit weitestgehend zu unterstützen. Im Laufe der Jahre brachte ich es zu einer umfangreichen Rezeptsammlung, die auf diesem Gebiet einmalig sein dürfte. Sie beinhaltet feinste Mehlspeisen für den Mittagstisch ebenso wie einfache Rezepte für Notzeiten. Es sind vertreten Rezepte aus dem Burgenland, der Zips, Batschka, dem Banat, aus Siebenbürgen, Dalmatien, Kroatien, Bosnien, Ungarn und nicht zuletzt Rezepte aus den weltberühmten süßen Bäckereien des alten Wien. Sie alle sollen der Nachwelt erhalten bleiben und weitere Generationen überdauern. Ihre Zubereitung ist ein Mittel gegen Langeweile und sterile Beschäftigung.

Da ich eine dreijährige Frauenfachschule in Budapest absolvierte, genoß ich einen gründlichen Unterricht in der Kunst des Kochens und Bakkens. Alle diese hier gesammelten Rezepte sind ausprobiert. Obwohl es eine Menge Kochbücher gibt, wage ich es dennoch, mit meinem Buch an die Öffentlichkeit zu treten, weil man mit ihm sehr Bewährtes leisten kann. Das Publikum aber mag selbst entscheiden. Jedenfalls trage ich das Bewußtsein in mir, Außergewöhnliches festgehalten zu haben, was sonst ganz gewiß der Vergessenheit anheimgefallen wäre.

Langbewährtes ist letzthin immer am besten. Diese Rezepte können durch nichts vergleichbares ersetzt werden und behalten ihren altmodischen Charme und Reiz. Sie heben die fröhliche Stimmung und dämpfen die gereizten Nerven unserer hektischen Zeit. Sie sind ein Streifzug durch fast zwei Jahrhunderte, welche versunken sind und alles von damals wieder lebendig machen.

Der Duft dieser selbstgefertigten Mehlspeisen ist ein Gruß aus diesen längst vergangenen Zeiten und ein Beweis der Liebe unserer Mütter, Groß- und Urgroßmütter. Sie erwecken und fördern in starkem Maße freundschaftliche Zusammenkünfte, die für unseren nüchternen Alltag eine große Bereicherung bedeuten. Sie sind mit der modernen Ernährung absolut vereinbar, die textliche Fassung ist den heutigen Anforderungen genauestens angepaßt.

Es ist eine alte Regel, daß sich im Kochen, Backen und Essen die Schönheit der Kultur des Genusses äußert. Fast ist es wie mit Blumen: Der sie liebt, kann unmöglich ein schlechter Mensch sein!

Vor Ihnen liegt nun ein Buch, in welchem mit größter Gewissenhaftigkeit vorgegangen wurde, damit auch eine junge, unerfahrene Hausfrau mit den Rezepten zurechtkommt. Und das Gelingen wird sie mit Stolz erfüllen. Ich wünsche allen, daß es zu einer schöpferischen Tätigkeit verhelfe und lukullische Freuden bringe.

Eva Mayer-Bahl

Inhalt

Geschichtliches

Mit dem Namen Österreich verbindet sich die jahrhundertelange Herrschaft des Hauses Habsburg. Nach dem Grundsatz: »Bella gerant alii, tu felix Austria nube!« (andere mögen Kriege führen, du, glückliches Österreich, heirate!) wurde es Weltreich. Größte Bedrohung von außen waren die Türken; zweimal gelang es Ihnen, bis Wien vorzudringen. Doch 1683 erlitten sie am Kahlenberg bei Wien die entscheidende Niederlage. Die Befreiung des Donauraumes von osmanischer Herrschaft erstreckte sich allerdings bis zum Jahr 1718. *Hungaria eliberata*, das befreite Ungarn, war für die Einflüsse des abendländischen Kulturkreises wieder offen.

Die einst blühenden Städte im *Donauraum* hatten unter den Türkenkriegen schwer gelitten; das deutsche Bürgertum war nur in Siebenbürgen und der Zips erhalten geblieben. Unter Kaiser Karl VI. (1711–1740) und seiner Tochter Maria Theresia (1740–1780) sowie deren Sohn Josef II. (1780–1790) erging ein Aufruf an deutsche Siedler, die von den Türken verwüsteten Gebiete wieder urbar zu machen. Man hatte erkannt, daß die Rückgewinnung des Donaubeckens nur durch die Ansiedlung von Bauern und Handwerkern gesichert werden konnte. Volkreiche Großgemeinden sollten geschaffen, eine produktive Staatswirtschaft angestrebt und die Wiedergeburt einer schon verloren gegangenen Kultur ermöglicht werden. Der erste *Strom der Ansiedler* stammte aus West- und Oberungarn, Österreich, Mähren, Böhmen und Schlesien, viele kamen auch aus Oberschwaben, Baden, Franken, Elsaß-Lothringen, Bayern und dem Saarland. Sie erhielten einen Freibrief und *unbegrenztes Heimatrecht*. Das ungesunde Klima und verschiedene Krankheiten dezimierten die Siedler. Ein Spruch, der noch heute Kindern und Enkelkindern bekannt ist, heißt:

Die Ersten hatten den Tod,
die Zweiten die Not,
die Dritten das Brot.

Trotz aller Widrigkeiten entstanden nahezu fünfzig neue deutsche Ortschaften. Graf Mercy, der erste Gouverneur des Banats, siedelte neben Deutschen und Serben auch Italiener, Spanier, Ruthenen und Franzosen an, was aber für die ursprüngliche Bevölkerung keine Benachteiligung mit sich brachte. Es entstanden Gemeinden in der Schwäbischen Türkei, dem Länderdreieck zwischen Donau, Drau und Plattensee sowie dem Ofner Bergland. Der Fleiß der Menschen und ihre Kenntnisse über moderne Produktionsmethoden sollten sich für das Land von großer Bedeutung erweisen.

In der ungarischen Geschichte spielte die deutsche Nationalität schon immer eine wichtige Rolle. Der ungarische Staatsgründer König Stefan (1001–1038) ehelichte die Bayernprinzessin Gisela, in deren Gefolge Priester und Ritter aus deutschen Landen nach Ungarn kamen. So lebten die Deutschen seit jeher mit den Ungarn und den Menschen anderer Nationalität in Harmonie und Frieden zusammen. Ungarn war ihre Heimat; sie bewiesen ihre Vaterlandsliebe immer wieder.

Die politischen Umwälzungen mit Impulsen aus Ideen der Französischen Revolution erreichten Ende des 19. Jahrhunderts Ungarn. Es kam zum Aufstand. Im Ausgleich zwischen dem Hause Habsburg und den Ungarn entstand 1869 – in der Regierungszeit Kaiser Franz Josef I. – die Österreichisch-Ungarische Monarchie. Sie umfaßte den Ostalpen-, Donau- und Karpatenraum, das böhmische Becken sowie die adriatische Ostküste und deren Hinterland. Diese Doppelmonarchie zählte knapp 53 Millionen Einwohner, sie war ein Vielvölkerstaat. Nach dem Zerfall Österreich-Ungarns im Jahre 1918 wurde ungefähr ein Drittel der Bevölkerung an die Nachfolgestaaten Ungarn, Jugoslawien, Tschechoslowakei und Rumänien aufgeteilt. Für die Entwicklung zu einem geschlossenen Volksstamm blieb keine Zeit mehr. Der Zweite Weltkrieg forderte einen grausamen Tribut: totale Enteignung, Entrechtung, Flucht und Vertreibung, die Ausrottung der Donauschwaben in Jugoslawien. In den zu

Torsos gewordenen Gemeinden gab es niemand mehr, der im Sinne der Donauschwaben bewußtseinsformend und als verbindende Kraft hätte wirken können. Die Überlebenden sind heute auf der ganzen Welt verstreut. Sie versuchen, ihre Identität zu wahren, indem sie Herkunftsforschung betreiben, Vergangenes in Schriften niederlegen, die Mundart pflegen, alte Volkslieder sammeln, traditionelle Festlichkeiten veranstalten und diese Traditionen an die nächste Generation weitergeben.

Klosterportal Cirta (Kerz) in Siebenbürgen

KÜCHEN-»HISTORIE«

Eine bis in die Gegenwart hineinreichende Besonderheit Südosteuropas ist die Vielfalt seiner Eßgewohnheiten. Wenn auch auf typologische Gemeinsamkeiten Wert gelegt wurde, sind die ethnischen Eigenheiten deutlich und unverwechselbar ausgeprägt. Dem Leser dieses Buches stellt sich vielleicht die Frage, warum gerade die Mehlspeisen in den genannten Ländern solch großen Stellenwert hatten. Dieses Gebiet, ausgehend vom Karpatenbogen, die durch Flüsse verästelte Donauebene bis zur Save erfassend, ist durch seine Bodenstruktur prädestiniert für den Anbau von Getreidearten jeglicher Art. Es ist die Pannonische Tiefebene – genannt nach Pannonien, der römischen Provinz und dem illyrisch-keltisierten Pannonien. Im Volksmund wird sie auch »flaches Nudelbrett« genannt. Die tiefsten Punkte der Pannonischen Tiefebene liegen am Neusiedler- und Plattensee. Hier verebbten die mongolischen, ungarischen und türkischen Landnahmen. Die Siedler machten sich mit dem Anbau und der Verwendung von ertragreichen Getreidesorten vertraut und gestalteten das Gebiet weitgehend zu einem Ackerland. Die Anbauflächen für Weizen und Mais nahmen die größte Nutzfläche ein. Es war naheliegend, die Ernährung der Bevölkerung aus wirtschaftlicher Sicht darauf einzustellen. Hier lag einst die Kornkammer Deutschlands, und die Exporte dahin waren enorm. Nach dem Zweiten Weltkrieg, der Enteignung und Verstaatlichung, entstanden aus dem früheren volksdeutschen Grundbesitz meist unrentable Staatsgüter. Ein früher landwirtschaftlich reiches Gebiet wurde dem Verfall preisgegeben.

Große Teile dieses Gebietes, vor allem in Jugoslawien und Rumänien, müßten erneut urbar gemacht werden. Wer je einmal die weithin reichenden, wogenden Getreidefelder sah, die sich von der Hügelregion des Matragebirges bis zum Donauknie erstreckten, wird begreifen, warum dieses Korn eine so bedeutende Rolle spielte. Österreich und Ungarn, auch Böhmen und Mähren sowie Kroatien und Bosnien, dieses stark türkisch beeinflußt mit honigsüßen, öltriefenden Näschereien, hielten ihren Ruf als exzellente Mehlspeisenküche aufrecht. Insbesondere sei die ungarische und böhmische Küche erwähnt, die den Vergleich mit ihrer berühmten Wiener Schwester nicht zu scheuen brauchen. Der erfahrene Genießer wird das bestätigen.

Seit Generationen werden diese Rezepte in den Familien gepflegt und weitervererbt. So entstanden in der Küche des Südostens Mehlspeisen gleichen Namens in vielen Variationen. Sie sind gastronomische Eckpfeiler, deren Gesicht durch jahrhundertealte Gebräuche geprägt wurden.

Donaumonarchie
(Österreich-Ungarn)

Thüringen

Schlesien

TSCHE

Böhmen

PRAG

TROPPAU

Mähren

CHOSLOWA

Zips

BRÜNN

Vorarlberg

Niederösterreich

Bayern

LINZ

WIEN

Donau

Theiß

Oberösterreich

BREGENZ

SALZBURG

BUDAPEST

Schweiz

Inn

ÖSTERREICH

INNSBRUCK

Salzburg

UNGARN

Steiermark

GRAZ

Lombardei

Tirol

Kärnten

KLAGENFURT

RU

Batschka

LAIBACH

Venetien

Krain

ZAGREB

Banat

TRIEST

Küstenland

RIJEKA

Kroatien — Slawonien

Save

JU

BELGRAD

Bosnien

GO

Serbien

ZARA

Dalmatien

S

SARAJEWO

L

A

W

Herzegowina

ADRIA

Montenegro

E

N

10

Obwohl auch Mais in der Küche verwendet wurde, liebte man es, denselben erst über das Schwein »nutzbar« zu machen. Deshalb waren bei der jährlichen Winterschlachtung Exemplare von drei Zentnern keine Seltenheit. Da Fett im Überfluß vorhanden war, schmelzte man deshalb die Mehlspeisen recht reichlich damit ab. Galt es doch auch, seinen Wohlstand damit zu demonstrieren. Zum Abspülen des Eßgeschirrs benötigte man fast kochendheißes Wasser, um dem daran noch haftenden Fett Herr zu werden. Die Hände der Hausfrauen waren dementsprechend oft krebsrot und strapaziert. Sie nahmen es jedoch als selbstverständlich in Kauf. Bemerkt sei auch, daß der Großteil der Bevölkerung »rundlich angehaucht« war und man den Wohlstand und das Ansehen eines Menschen oft nach seinem Gewicht bemaß. Hieß es doch vom Manne, er müsse dick sein, da ihn seine Frau sonst nicht respektieren könne.

Die Kartoffel darf nicht unerwähnt bleiben. Mit der Bezeichnung »nackte Frucht« wird sie recht stiefmütterlich behandelt. Sämtliche Kartoffelgerichte, ob süß oder sauer, sind mit Mehl, Eiern, Speck, Fett, Rahm, gegebenenfalls mit reichlich Paprika verfeinert. Dies gilt für Österreich ebenso wie für Ungarn und die Nachfolgestaaten. Pellkartoffeln aß man nur zusammen mit gekochtem Geräucherten, Würsten und Käse. Salzkartoffeln waren fast unbekannt. Erst in späterer Zeit bereitete man Kartoffelbrei in der heute bekannten Weise zu. Der Ursprung ist vielleicht in Karlsbad zu suchen, wo die Gallenkranken damit »behandelt« wurden. Hieß es, daß ein Patient nach dem Kuraufenthalt noch für einige Wochen »auf Diät gesetzt« und nur mit in Wasser und wenig Salz zubereitetem Kartoffelbrei ernährt werden dürfe, brandete ihm heißes Mitgefühl entgegen, und warme, mitfühlende Händedrucke waren ihm sicher.

Die Küche des Südostens hatte aber nicht nur vorzügliche Mehlspeisen, sondern auch ein reichhaltiges Repertoire an Suppen, Braten, Fischen und Geflügelspeisen sowie feinen Gemüsen zu bieten. Ein Kirchweihfest, eine Hochzeit oder Taufe hielt leicht dem »Schlaraffenland« von Breughel stand. Es waren Essensorgien am laufenden Band, voller Lebensfreude und Lust. Dazu die herrlichen Weine und vielfältigen Obstsorten! Gekrönt wurde letztlich alles mit raffinierten Mehlspeisen.

Ich habe mich dazu entschlossen, zur Erinnerung an die nie vergessene Heimat und für kommende Generationen die jahrelang gesammelten Rezepte aus dem gesamten Donauraum zu erhalten, und sehe es als eine Aufgabe an, auch jungen Menschen die Ernährungs- und Eßkultur ihrer Vorfahren nahezubringen.

Glossar

Abschlagen Mit dem Kochlöffel kräftig abarbeiten.

Abschmelzen Mit heißem Fett übergießen und locker unterheben.

Apfelmandel Semmelgericht mit Äpfeln (wörtlich: »Apfelmännchen«).

Bobajka Hefenudeln.

Bockshärndl Johannisbrot.

Burek Strudelgericht mit verschiedenen Füllungen.

Cic vara Mais- oder Grießbrei.

»Darwitscher« Kartoffelstangen.

Dunst Eingekochte Früchte.

Erdapfel Kartoffel.

Fleckerl 1–2 cm große Quadrate aus Nudelteig.

Galuschka Nockerl.

Ganica Überbackenes Kartoffelteig-Gericht.

Germ Hefe.

Gibanica Gefülltes oder in eine Quarkmasse getauchtes Strudelgericht.

Kastanie Marone.

Kipferl Hörnchen.

Koch Auflauf.

Kreppchen Dickere, kleine Pfannkuchen.

Krumpiere Kartoffeln.

Kukuruz Mais.

Male Rührteig aus Maismehl.

Marille Kleine Aprikose.

Mehl, weißes Fein ausgemahlenes Weizenmehl, Type 405.

Mehl, Wiener Grießler Gröber, grießähnlich ausgemahlenes Weizenmehl, hervorragend für alle lockeren Mehlspeisen.

Nockerl Mit dem Löffel abgestochene, etwas festere und größere Verwandte der Spätzle.

Palatschinken Hauchdünne Pfannkuchen.

Palukes Maisbrei, der als Beilage zu faschiertem Fleisch gereicht, aber auch mit Milch, Käse und Eiern gegessen wird. Rumänisch: »mamaliga«.

Paradeis Tomate.

Pekmes Zwetschgenmus.

Pogatscherl Torteletts aus Blätter-, Quark- oder Hefeteig, mit dem Krapfenstecher ausgestochen.

Polenta Maisgericht (Maisbrei), auch die Bezeichnung für Maismehl.

Pomeranze Kleine, bittere Orange.

Powidl Zwetschgenmus.

Puliszka Maisgericht wie Polenta.

»Rachenhänger« Trockene Speise, die »im Rachen hängen bleibt«.

Räucherspeck Durch Räuchern haltbar gemachter Schweinespeck.

Rahm, dicker saurer Mit Crème fraîche vergleichbare saure Sahne, aber nur mit 10% Fett.

Rohr Backröhre, Bratrohr, Backofen.

Salzburger Nockerl Schaumige, leichte Eierspeise.

Schlagobers Steifgeschlagener Rahm.

Schmalz Schweineschmalz, wenn nicht anders angegeben.

Schmarrn Dickere Pfannkuchen, die nach dem Wenden zerrissen werden.

Schmer Flomen, feine Fettschicht unter der Bauchdecke des Schweines.

»Schupsen« Teig leicht stoßend rollen.

Semmel Brötchen.

Skubanki Slowakisches Nationalgericht, Kartoffelgericht.

Strapatschka Kartoffelteig-Nockerl.

Sulz Sülze.

Tarhonya Ungarische Nudelvariante, ohne Wasser zubereitet und durch ein grobes Drahtsieb gerieben.

Taschkerl Maultaschen, ca. 5 cm große Quadrate aus Nudelteig.

Tepsi Bratreine, tiefes Backblech.

Topfen Quark.

Weinchaudeau Mit Eigelb, Zucker und Wein gerührte warme Soße.

Weißkäse Aus Kuhmilch selbst zubereiteter Topfen (Quark).

Zu den Rezepten

Alle hier angegebenen Rezepte gelten, je nach Appetit, für 4–6 Personen.

Bei der Maßangabe Eßlöffel (EL) ist ein gehäufter Löffel gemeint, wenn nicht anders angegeben. Das gleiche gilt für die Maßangabe Teelöffel (TL).

Für alle Koch- und Backrezepte gelten die im Handel erhältlichen Gefäße und Formen.

Wird die Schale von Zitronen oder Orangen verwendet, ist von unbehandelten Früchten auszugehen.

Die Backtemperaturen sind Circa-Angaben, sie müssen dem heimischen Backrohr entsprechend angepaßt werden.

Abkürzungen

		kg	Kilogramm
TL	Teelöffel	ml	Milliliter
EL	Eßlöffel	cl	Zentiliter
mg	Milligramm	l	Liter
g	Gramm	1l = 100 cl = 1000 ml	

In der k. u. k.-Küche wurde immer viel Fett verwendet. Heute weiß jeder, daß zuviel Fett gesundheitsschädlich ist. Deshalb wurde es in den Rezepten bereits reduziert, was in keinem Fall den Charakter und Geschmack dieser Mehlspeisen beeinträchtigt.

Backofen bei den Donauschwaben (in Ernestinenhof). Typisch sind die Holzklumpen an den Füßen.

Nudelgerichte

Nudelgerichte aus selbst zubereitetem Nudelteig – egal, ob süß oder salzig – schmecken besser als solche aus Fertigprodukten. Die Herstellung des Teiges kann leicht erlernt werden. Und wenn die geschnittenen Nudeln bißfest (»al dente«) gekocht werden, lohnt sich die Mühe und auch der evtl. weitere Aufwand für die Herstellung einer Hauptmahlzeit!

Der Weizenanbau war in den fruchtbaren Ebenen der k. u. k.-Donaumonarchie von großer Bedeutung. Wen wundert es, daß sich erfinderisch aus dem feinen weißen Mehl und Eiern – jede Familie auf dem Lande besaß ihren eigenen Hühnerhof – über Generationen hinweg eine variationsreiche Eßkultur entwickelte? Als Suppeneinlage können die Nudeln die im Grundrezept angegebene 2-mm-Grenze oft unterschreiten. Fleckerl und Taschen (»Taschkerl«) haben andere Dimensionen, die ebenfalls im Grundrezept angegeben sind.

Nudelgerichte – ohne Fleisch zubereitet – sind als Hauptgericht sehr beliebt. Die nötigen Proteine sind in den Eiern enthalten.

Im Laufe der Jahrhunderte entwickelte sich eine Spezialität: Nudeln, gemischt mit Kartoffeln, manchmal vermengt oder aufeinandergeschichtet, mit gebräunten Zwiebeln bestreut und mit diversen Soßen (Tomatensoße paßt immer!) serviert. Jedem, der die Kombination von Nudeln und Kartoffeln nicht kennt, vielleicht skeptisch ist, würde ich raten, einmal ein solches »Mischgericht« auszuprobieren.

Im Rezeptteil ist auch die Herstellung der *Tarhonya*, einer ungarischen Abwandlung der Nudel, beschrieben. Hier gilt: kein Wasser zugeben! Im Sommer, wenn man über die meisten Eier verfügt, werden sie – dann aber ohne Salz! – auf Vorrat zubereitet und in Mullsäckchen aufbewahrt. Sie sind so bis zu einem Jahr haltbar.

GRUNDREZEPT

Nudelteig

Nudeln, Fleckerl, Taschen

Nudelgerichte aus selbst zubereiteten Nudelteig – egal ob süß oder salzig – schmecken unvergleichlich besser als solche aus Fertigprodukten. Die Mühe lohnt sich!

500 g weißes Mehl
3 ganze Eier
1 TL Salz
1½–2 EL lauwarmes Wasser zum Teig
5 l Wasser und
5 TL Salz zum Kochen

Das Mehl auf ein Nudelbrett sieben und in die Mitte eine Vertiefung drücken. Die Eier mit dem Salz verrühren und 5 Minuten stehen lassen, dadurch erhält das Eigelb eine intensivere Farbe. Danach in die Vertiefung gießen und nach und nach mit dem Wasser unter das Mehl rühren, dabei von der Mitte zum Schüsselrand hin arbeiten. Nun mit beiden Händen in ca. 15 Minuten einen glatten und glänzenden Teig kneten. Er darf nicht kleben, sondern muß fest und zäh sein. Evtl. noch etwas Mehl dazugeben. In vier gleich große Laibe teilen, diese einzeln rund formen und 30 Minuten, mit einem Topf zugedeckt, ruhen lassen.

Auf einem bemehlten Brett den Teig ca. 2 mm dick ausrollen und – je nach Verwendungsart – zu Nudeln, Fleckerl oder Taschen verarbeiten. Für *Nudeln* ca. 5 cm breite Streifen schneiden, die Oberflächen leicht bemehlen, aufeinanderlegen und mit einem scharfen Messer in 2 mm bis 1 cm breite Nudeln schneiden. *Fleckerl* in 1–2 cm, *Taschen* in 5 × 5 cm große Quadrate schneiden. Die Teigwaren mit den Händen etwas auflockern und 30 Minuten trocknen lassen.

<u>Frische Nudeln kochen:</u> Die Teigwaren in das sprudelnd kochende Salzwasser einlegen und nach dem Aufsteigen 8 Minuten unter gelegentlichem Umrühren kochen. Nach dem Abseihen kurz kalt abschrecken und je nach Rezeptanleitung weiterverarbeiten.

HINWEIS

Wer Nudeln auf Vorrat zubereitet, muß sie – geschnitten und aufgelockert – völlig austrocknen lassen und anschließend in luftdichten Dosen aufbewahren.

SALZIGE NUDELGERICHTE

Gebackene Nudeln mit Käse und Rahm

Banat

Nudeln nach Grundrezept
(siehe links)
Fett für die Pfanne
1½ EL dicker, saurer Rahm
100 g geriebener Emmentaler
Salz und Pfeffer

Nach dem Grundrezept kleinfingerbreite Nudeln herstellen, kochen und abtropfen lassen. Eine Bratreine oder eine feuerfeste Form dick ausfetten. Die Nudeln hineingeben, mit dem Rahm übergießen. Käse, Salz und Pfeffer vermischen und darauf verteilen. Im vorgeheizten Rohr bei 175 °C ca. 30 Minuten überbacken.

Käsnudeln oder Käsfleckerl

Batschka

Nudeln (breitere) oder
Fleckerl nach Grundrezept
(siehe links)
500 g trockener Topfen (Quark)
150 g Räucherspeck
3 EL dicker, saurer Rahm

Die Nudeln oder Fleckerl kochen und abtropfen lassen. Ein Sieb mit einem Tuch auslegen, den Topfen hineingeben, abtropfen lassen und anschließend in dem Tuch ausdrücken. Den Speck in kleine Würfel schneiden und goldbraun auslassen, die Grieben herausnehmen. Das klare Fett nochmals erhitzen und die Nudeln oder Fleckerl hineingeben. Gleich umrühren, damit sie nicht zusammenkleben. Den Rahm und den gut trockenen Topfen darüber verteilen, dabei den Topfen etwas zerbröseln. Leicht erhitzen, aber nicht rühren. Mit den Grieben bestreuen und sofort servieren.

Grießnudeln

Batschka

Nudeln nach Grundrezept
(siehe links)
100 g Schweineschmalz
100 g Grieß, 1 TL Salz
100 g Milch

Die Nudeln kochen und gut abtropfen lassen. Das Schmalz erhitzen, den Grieß einrühren und blaßgelb anrösten. Salzen, mit der Milch ablöschen und so lange rühren, bis die Milch vollständig aufgenommen ist, der Grieß muß auseinanderfallen und darf keine Klümpchen bilden. Die Nudeln dazugeben, alles miteinander verrühren. Gut abdekken, von der Herdplatte nehmen und 10 Minuten quellen lassen. Aufdecken, noch etwas abdampfen lassen, die Nudeln müssen schön locker auseinanderfallen. Mit Kompott oder sauren Gurken servieren.

HINWEIS

Resteverwertung für eine schmackhafte Suppe: Etwas Fett erhitzen, darin 1 feingehackte Zwiebel mit 1 TL Edelsüßpaprika anrösten, 1 Lorbeerblatt zufügen und mit Wasser aufgießen, Grießnudeln dazugeben, aufkochen lassen und mit saurem Rahm verfeinern.

Schinkenfleckerl   Foto

Österreich, Banat,
Batschka, Ungarn

| Fleckerl nach Grundrezept |
| (Seite 16) |
| 500 g gekochter Schinken |
| 50 g Fett |
| 4 EL dicker, saurer Rahm |

Die Fleckerl kochen und gut abtropfen lassen. Den Schinken mit der Küchenmaschine pürieren oder durch den Fleischwolf drehen. Das Fett erhitzen und die Fleckerl hineingeben. Damit sie nicht zusammenkleben, sofort den Schinken dazurühren und mit dem Rahm verfeinern. Noch einmal erhitzen, aber nicht kochen lassen. Bei Tisch nach Belieben mit Pfeffer aus der Mühle bestreuen.

Krautfleckerl   Foto
Seite 14

Batschka

| Fleckerl nach Grundrezept |
| (Seite 16) |
| 1 mittelgroßer Kopf Weißkraut |
| 100 g Schweineschmalz |
| 1 TL Salz |
| 1 TL Zucker |
| 1 knapper EL Wasser |
| Pfeffer |

Die Fleckerl kochen und gut abtropfen lassen. Den Weißkrautkopf vierteln, die äußeren Blätter und den Strunk entfernen, das Kraut hobeln. Das Schmalz erhitzen, das Kraut zugeben und gut umrühren. Salzen und zugedeckt bei schwacher Hitze Saft ziehen lassen. Zucker und Wasser zufügen, umrühren und weich dünsten, das Kraut dabei leicht zerstampfen und bräunen. Die Fleckerl und reichlich Pfeffer untermischen und unter Rühren nochmals erhitzen, bis das Kraut richtig dampft.

Topfen-Galuschka

Ungarn

| Fleckerl nach Grundrezept |
| (Seite 16) |
| 300 g trockener Topfen (Quark) |
| 100 g Schweineschmalz |
| ⅛ l dicker, saurer Rahm |
| 150 g Räucherspeck |

Die Fleckerl kochen und gut abtropfen lassen. Den Topfen in einem Haarsieb ebenfalls abtropfen lassen. Das Fett erhitzen, die Fleckerl hineingeben und vorsichtig umrühren, damit sie nicht zusammenkleben. In eine vorgewärmte Schüssel Fleckerl, Topfen, Rahm und wieder Fleckerl, Topfen und Rahm einschichten. Den Speck in kleine Würfel schneiden, in einer Pfanne auslassen und das Nudelgericht mit den Grieben bestreuen. Das Gericht ca. 10 Minuten bei 70 °C im Rohr durchwärmen (der Topfen darf kein Wasser ziehen) und sofort servieren.

Urgroßmutters Milchnudeln

Im ganzen Südosten

Nudeln nach Grundrezept (Seite 16)	
1 l Milch	
2 EL Zucker	
1 Prise Salz	
1 EL Butter	

Nach dem Grundrezept klein-fingerbreite Nudeln herstellen. Milch zusammen mit Zucker, Salz und Butter aufkochen, die Nudeln einstreuen, dabei rühren, damit sie nicht zusammenkleben. Sobald die Nudeln kochen, den Topf (er muß hitzebeständige Griffe haben) abdecken und bei 175 °C in das vorgeheizte Rohr stellen. Die unterste Schicht soll hellgelb anbraten, dann öfter wenden, damit auch die übrigen Schichten gebraten werden. Mit Kompott bzw. Zucker und Zimt servieren.

Milchnudeln für Kinder

Batschka

Nudeln nach Grundrezept (Seite 16)	
1½ l Milch	
70 g Butter	
2 Stück Würfelzucker	
1 Prise Salz	

Nach dem Grundrezept die Nudeln herstellen, dabei Milch statt Wasser verwenden. Die angegebene Menge Milch zum Kochen bringen und die Nudeln langsam unter Rühren einstreuen, damit sie nicht zusammenkleben. Die Milch bis zur Hälfte einkochen lassen und dabei die Nudeln immer wieder lockern. Butter, Würfelzucker und Salz dazugeben und möglichst zugedeckt bei nicht zu starker Hitze kurz einkochen lassen. Öfter mit der Backschaufel wenden, bis die Nudeln hellbraun angebraten sind. Mit Kompott oder Vanillesoße servieren.

VARIANTE

Die Nudeln zuerst in Salzwasser kochen und danach mit der halben Menge Milch weiterverarbeiten.

Milchnudeln mit Kastanien

Ungarn, Böhmen

500 g Bandnudeln oder selbst zubereitete Nudeln nach Grundrezept (Seite 16)	
1½ l Milch	
Zucker nach Geschmack	
500 g geröstete, feingewürfelte Kastanien (Maroni)	
3 Eigelb	
100 g Butter	
100 g Zucker	
Fett und Semmelbrösel für die Form	

Nach dem Grundrezept klein-fingerbreite Schnittnudeln herstellen. Die Milch mit Zucker zum Kochen bringen, die Nudeln unter Rühren einstreuen und zugedeckt 10–15 Minuten köcheln lassen. Zwischendurch immer wieder umrühren, damit die Nudeln nicht zusammenkleben. Die Nudeln abseihen und auskühlen lassen, dann mit den Kastanien vermischen. Die Eigelbe mit der Butter und dem Zucker verrühren und alles gut mit den Nudeln vermischen. Eine feuerfeste Form gut ausfetten, mit Bröseln ausstreuen, die Nudelmasse einfüllen und im vorgeheizten Rohr bei 180 °C in ca. 15 Minuten hellgelb überbacken.

Preßburger Nuß- und Mohnfleckerl

Österreich, Slowakei

Fleckerl nach
Grundrezept (Seite 16),
zusätzlich 1 Ei
30 g Schweineschmalz
20 g Fett und 50 g Rosinen
für die Form

Crememasse

3 Eier, getrennt
100 g Puderzucker
1 Päckchen Vanillinzucker
50 g Rosinen
etwas abgeriebene Schale von
unbehandelter Zitrone
1 Prise Salz

Füllung

¼ l Wasser
125 g Zucker
125 g gemahlene Haselnüsse
oder feingemahlener Mohn
2 EL gezuckerte Milch
50 g Rosinen
etwas abgeriebene Schale von
unbehandelter Zitrone

Die Fleckerl – mit 4 Eiern zubereitet – kochen und abtropfen lassen. Das Schmalz erhitzen und die Fleckerl darin wenden, damit sie nicht zusammenkleben.
Für die Crememasse die Eigelbe mit dem Puder- und Vanillinzucker glattrühren. Die Hälfte der Rosinen, Zitronenschale und Salz zufügen, zuletzt den steifgeschlagenen Eischnee unterheben. Die Fleckerl vorsichtig mit der Crememasse vermengen. Eine höhere Auflaufform ausfetten, die restlichen Rosinen hineinstreuen, dann die Hälfte der Cremefleckerl einfüllen und im Rohr bei 180 °C 5 Minuten erhitzen.
Inzwischen für die Füllung das Wasser mit dem Zucker dick »spinnen« lassen. Nüsse bzw. Mohn einrühren. Über die heißen Fleckerl verteilen. Die gezuckerte Milch erhitzen und über die Füllung gießen. Rosinen und Zitronenschale darauf verteilen. Mit der zweiten Hälfte der Cremefleckerl abdecken und bei 190 °C ca. 15 Minuten überbacken. In gleichmäßige Stücke schneiden und heiß servieren.

Nudeln auf Nüssen

Banat, Batschka

Nudeln nach Grundrezept
(Seite 16)
80 g Butter oder Margarine
150 g gemahlene, gut
gezuckerte Walnüsse
1 Prise Zimt
nach Belieben grobe, in Fett
geröstete Semmelbrösel

Nach dem Grundrezept die Nudeln herstellen. In Salzwasser kochen, gut abtropfen lassen. Butter bzw. Margarine erhitzen und die Nudeln hineingeben. Die gezuckerten Walnüsse (sie können auch mit Honig gesüßt werden) sowie den Zimt untermischen. Gut durchrösten, aber nicht braun braten. Evtl. mit gerösteten Semmelbröseln bestreuen und durchheben.

VARIANTE

Nudeln mit Bockshärndl: Statt der Walnüsse dieselbe Menge gezuckerte Bockshärndl (Johannisbrot) verwenden.

Marienbader Cremenudeln

Foto Seite 14

Böhmen, Mähren

Nudeln nach Grundrezept
(Seite 16)
1 l Milch
2 EL Zucker
1 EL Butter

Vanillecreme

2 EL süßer Rahm
1 Päckchen Vanillinzucker
3 Eigelb
1 TL Mehl

Spanischer Wind

4 Eiweiß
4 gehäufte EL Puderzucker
Puderzucker zum Bestäuben

Für dieses Rezept bereiten Sie den Spanischen Wind am besten einige Stunden vorher (oder am Vorabend) zu: die Eiweiße steif schlagen und nach und nach den Puderzucker dazugeben. So lange weiterrühren, bis der Eischnee glänzt und Spitzen bildet. Kleine Häufchen auf Backpapier setzen, mit Puderzucker bestäuben und im offenen Rohr bei schwacher Hitze (80–100 °C) trocknen lassen oder ganz hell backen.

Die Milch zum Kochen bringen, Zucker und Butter zufügen. Die Nudeln einstreuen und so lange unter ständigem Rühren kochen, bis sie die Milch aufgesogen haben. Während die Nudeln kochen, die Vanillecreme zubereiten: alle Zutaten in einer Metallschüssel verrühren, die Schüssel auf ein heißes Wasserbad setzen und so lange abschlagen, bis eine dickliche Creme entsteht.
Die Nudeln in eine Schüssel geben, mit Vanillecreme übergießen und mit dem Spanischen Wind verzieren.

Pekmes-Nudeln

Batschka

Nudeln nach Grundrezept
(Seite 16)
Zwetschgenmus (Pekmes)
Schweineschmalz
Semmelbrösel
Zucker nach Belieben

Die Nudeln kochen und kurz abtropfen lassen. Mit dem Zwetschgenmus vermengen und mit den in Schmalz gerösteten Semmelbröseln abschmelzen. Nach Belieben zuckern.

Powidltaschkerl

Foto rechts

Böhmen

½ Grundrezept Nudelteig
(Seite 16)
Zwetschgenmus (Powidl)
Salzwasser zum Kochen
Schweineschmalz
Zucker und Zimt zum
Bestreuen

Den Nudelteig ganz dünn auswalken. Quadrate schneiden oder mit einem gezackten Krapfenstecher oder einem runden Ausstecher mit 6–8 cm Durchmesser Taschkerl ausstechen. In die Mitte jeweils 1 Teelöffel festes Zwetschgenmus geben und zu Dreiecken bzw. Halbkreisen zusammenschlagen, die Ränder gut zusammendrücken. In einem großen Topf Salzwasser zum Kochen bringen, die Taschkerl einlegen und ziehen lassen, bis sie an die Oberfläche aufsteigen. Mit einem Schaumlöffel herausheben, kalt abschrecken und abtropfen lassen. In einer Pfanne das Schmalz erhitzen, die Taschkerl vorsichtig durchschwenken, damit sie nicht aufreißen. Mit Zucker und Zimt bestreuen.

Mohnnudeln

Batschka

Nudeln nach Grundrezept
(Seite 16)
80 g Butter oder Margarine
200 g feingemahlener Mohn
50 g Zucker oder Honig
nach Belieben grobe, in Butter
geröstete Semmelbrösel

Nach dem Grundrezept die
Nudeln herstellen. Die Nudeln in Salzwasser kochen, gut
abtropfen lassen.
Butter oder Margarine erhitzen und die Nudeln hineingeben. Den Mohn mit Zucker
oder Honig süßen, zu den Nudeln geben und alles gut vermischen. Das Gericht soll
gleichmäßig heiß werden,
aber nicht braten. Mit gerösteten Semmelbröseln vermi-
schen und servieren.

Stroh und Heu

Österreich

2 Grundrezepte Nudelteig
(Seite 16)
50 g Butter oder Margarine
½ l Milch
Salz
500 g gemahlene Mandeln,
mit etwas Zucker gemischt

Die Hälfte der Nudeln (sie
müssen frisch sein!) in dem
heißen Fett, unter häufigem
Wenden, schnell hellgelb bakken. Die andere Hälfte in die
leicht gesalzene, kochende
Milch schütten und abseihen,
sobald sie aufgestiegen sind.
In eine große Schüssel abwechselnd gebratene und gekochte Nudeln einschichten,
dabei jede einzelne Schicht
reichlich mit der Mandelmi-
schung bestreuen. Mit Weinschaum oder Vanillesoße servieren.

Grenadiermarsch

Batschka

Nudelteig nach Grundrezept
(Seite 16)
Salzwasser zum Kochen
300 g mehligkochende
Kartoffeln
3 große Zwiebeln
2 gehäufte EL Schweine-
schmalz
1 TL Edelsüßpaprika

Den Nudelteig etwa 3 mm
dick ausrollen und sehr gut
trocknen lassen. Etwa mark-
große Fleckerl abzupfen, in
Salzwasser kochen und gut abtropfen lassen. Die Kartoffeln
schälen, in Würfel schneiden
und separat in Salzwasser
knapp gar kochen. Die Zwiebeln in feine Würfel schneiden.
Das Schmalz erhitzen und die
Zwiebeln darin hellgelb rösten. Die noch warmen Kartoffelwürfel dazugeben und goldgelb anbraten. Paprika und
die Nudelfleckerl untermischen, alles von allen Seiten
knusprig braten. Mit sauer ein-
gelegten Gemüsen wie Gurken
und Paprika servieren.

Kartoffeltaschkerl

Batschka

1 Grundrezept Nudelteig
(Seite 16)

Kartoffelfüllung

1 kg mehligkochende
Kartoffeln
Salzwasser zum Kochen
30 g Schweineschmalz
2 EL feingehackte Petersilie
1 feingehackte, in Fett
geröstete Zwiebel
Pfeffer

50 g Fett
3 EL dicker, saurer Rahm
80 g grobe, weiße
Semmelbrösel
1 TL Edelsüßpaprika

Den Nudelteig zu 2 gleichgroßen Teigplatten ausrollen. Mit dem Kochlöffel auf einer Teigplatte kleine Quadrate markieren.
Für die Füllung die Kartoffeln schälen, würfeln und in wenig Salzwasser weich kochen, abgießen und fein zerstampfen. Das Schmalz erhitzen, die zerstampften Kartoffeln, Petersilie, Zwiebel und Pfeffer hineingeben und zusammenrühren. Den Kartoffelbrei auskühlen lassen.
1 TL Kartoffelbrei in die Mitte jedes markierten Quadrats der Teigplatte setzen. Mit der zweiten Teigplatte abdecken und diese an den markierten Linien andrücken. An diesen Stellen Taschen ausradeln und die Ränder gut andrükken, damit keine Füllung austreten kann. In kochendes Salzwasser einlegen und vorsichtig, nicht sprudelnd, ca. 8 Minuten kochen. Die Taschkerl abgießen und abtropfen lassen.
In einem Topf 50 g Fett erhitzen, die Taschkerl hineinlegen und mit Sauerrahm begießen. Das restliche Fett separat erhitzen, die Brösel darin goldbraun rösten, Paprika dazugeben und über die Taschkerl verteilen.

Gschmierti Nudl

Batschka

5 große, mehligkochende
Karttoffeln
1 große Zwiebel
30 g Schweineschmalz
1 Prise Salz
1 EL Edelsüßpaprika
6 EL Wasser
350 g gekochte Nudeln
1 gehäufter EL Semmelbrösel
50 g Schweineschmalz

Die Kartoffeln schälen und in kleine Würfel schneiden. Die Zwiebel fein hacken, im heißen Schmalz anrösten, dann Salz, Paprika und die Kartoffelwürfel dazugeben. Umrühren und mit Wasser ablöschen. Zugedeckt weich dünsten, dann zerstampfen. Eine feuerfeste Form ausfetten. Abwechselnd die Kartoffelmasse und die gekochten Nudeln einschichten. Die Semmelbrösel in heißem Schmalz rösten und die Speise damit abschmelzen. Kurz im vorgeheizten Rohr (200–220 °C) erhitzen. Mit grünem Salat servieren.

Kartoffeln und Nudeln mit Tomatensoße

Banat, Batschka

1 Teil Kartoffeln
Salzwasser zum Kochen
1 Teil Nudeln
3 EL Semmelbrösel
in Schmalz geröstet
Tomatensoße (Seite 29)

Die Kartoffeln schälen, würfeln und in Salzwasser gar kochen. Die Nudeln ebenfalls in Salzwasser kochen. Kartoffeln und Nudeln abgießen, abtropfen lassen und miteinander vermengen. Mit den Semmelbröseln abschmelzen. Dieses vor allem bei Kindern beliebte Essen mit gesüßter Tomatensoße servieren.

TARHONYA

GRUNDREZEPT

Tarhonya

Ungarn

Tarhonya sind eine ungarische Teigspezialität. Sie werden wie Nudelteig zubereitet, allerdings ganz ohne Wasserzugabe. Man verwendet sie als Suppeneinlage, Beigabe zu Gulasch, aber auch als Grundlage für eigenständige Gerichte.

1 kg weißes Mehl
5 ganze Eier
1 Prise Salz

Das Mehl auf ein Nudelbrett sieben und in die Mitte eine Vertiefung drücken. Die Eier mit dem Salz verrühren und 5 Minuten stehen lassen, dadurch erhält das Eigelb eine intensivere Farbe. Danach in die Mehlmulde gießen. Mit beiden Händen einen glatten Teig kneten und diesen durch ein grobes Drahtsieb drücken. Die dadurch entstehenden gleichgroßen »Riebele« 3–4 Tage in nicht zu praller Sonne trocknen, zwischendurch immer wieder »lüften« (mit den Händen auflockern). In luftdurchlässigen Säckchen aufbewahren.

In Zeiten der Völkerwanderung und nach Beendung ihrer nomadisierenden Beutezüge kamen die Ungarn in Gegenden um das Schwarze Meer, in Berührung mit Türken und Bulgaren. Von ihnen lernten sie den Anbau von Getreide und dessen Verwendung. Die Bezeichnung búza für Weizen und árpa für Gerste ist türkischen Ursprungs. Die Herstellung von Tarhonya fällt höchstwahrscheinlich in diese Zeit. Getrocknet, in Säckchen gefüllt, an Pferdesätteln aufgehängt, dienten Tarhonya als bereichernde Wegzehrung auf der langen Strecke bis zu ihrer Niederlassung im Donauraum und der Gegend um Theiss und Marosch.

Tarhonya mit Tomatensoße

Ungarn

500 g Tarhonya nach
Grundrezept (siehe links)
50 g Schweineschmalz
Wasser

Tomatensoße
50 g Schweineschmalz
50 g Mehl
½ l Tomatensaft
Salz
Zucker

Die Tarhonya kurz im heißen
Schmalz anrösten. Knapp mit
Wasser bedecken und weich
kochen, abgießen.
Für die Tomatensoße das
Schmalz erhitzen, das Mehl
unter ständigem Rühren darin
anrösten, mit Tomatensaft ablöschen und einmal aufko-
chen lassen. Mit Salz und Zukker abschmecken. Die Soße zu
den Tarhonya servieren.

Tarhonya mit Speck

Ungarn

500 g Tarhonya nach
Grundrezept (siehe links)
150 g Räucherspeck
Wasser
1 TL Edelsüßpaprika

Den Speck in kleine Würfel
schneiden und hellbraun auslassen. Die Speckwürfel herausnehmen und in das Auslaßfett die Tarhonya einrühren.
Knapp mit Wasser bedecken
und weich kochen. Paprika dazurühren. Mit den Speckwür-
feln bestreut servieren. Hierzu
schmecken glasierte Zwiebeln
besonders gut.

Tarhonya mit Zuckererbsen

Ungarn

500 g Tarhonya nach
Grundrezept (siehe links)
60 g Schweineschmalz
Wasser
250 g Zuckererbsen
gehackte Petersilie
Salz
2 EL dicker, saurer Rahm

30 g Schmalz erhitzen, die
Tarhonya kurz darin anrösten.
Knapp mit Wasser bedecken
und weich kochen, abgießen.
Die Erbsen im restlichen
Schmalz mit Petersilie weich
dünsten, salzen und mit den
Tarhonya vermengen. Darüber
den Sauerrahm verteilen. Die-
ses Gericht paßt gut als Beila-
ge zu Rinderschnitzel oder
Schweinemedaillon.

Kartoffel-, Reis- und Maisgerichte

Eine unscheinbare Knolle ist die *Kartoffel*, doch sollte man sie nicht geringschätzig mit einem Achselzucken abtun. Sie ist preiswert und nahrhaft, und ohne sie wären wir und Generationen vor uns in Notzeiten verhungert. Auf der ganzen Welt werden Kartoffeln in beliebiger Form auf den Tisch gebracht, sehr oft ganz schlicht als Beilage. Die österreichisch-ungarische Küche aber muß seit je-

her der Kartoffel besonders zugetan gewesen sein, weil sie diese in auffallend variationsreichen Zubereitungen kennt, sie als selbständiges Gericht oder auch als Knödel mit süßem Innenleben und reich gezuckert als Krönung und Abrundung eines Gastmahles serviert. Jede Hausfrau greift natürlich immer wieder gerne auf die Kartoffelrezepte aus Omas Schatztruhe zurück.

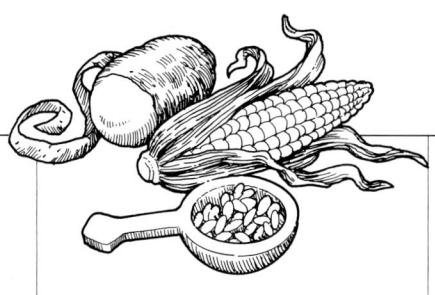

Aber: So gut manche Frühkartoffeln – in der Schale gekocht, mit Butter, Salz und einem Glas Buttermilch schmecken und auf diese Weise gekocht auch noch vitaminreich sind – für die angegebenen Rezepte sind sie nicht geeignet. Dafür brauchen Sie mehligkochende Spätkartoffeln (allerdings auch keine ganz alten Lagerkartoffeln). Die beliebteste Sorte im Südosten ist die »Desirée«. Sie ist gleichmäßig groß, hat eine rosa Schale und wenige Augen. Ihr Geschmack erinnert an Maronen. Es kann auch die holländische »Bintje« verwendet werden. Kartoffeln, die zu Teig verarbeitet werden, dürfen erst unmittelbar vor Verwendung geschält werden, damit keine Haut entsteht und dem Teig evtl. die Geschmeidigkeit nimmt.

In den Küchen der Donaumonarchie wird *Reis* ebenfalls oft als selbständiges Gericht zubereitet. Milchreis zum Beispiel war schon immer eine beliebte Kost für Kinder, aber auch – weniger gezuckert – für Alte und Kranke. Beliebt ist Reis auch als Suppeneinlage, als Garnierung und für Aufläufe. Den Stellenwert der Kartoffel aber hat er in der k. u. k.-Küche nie erreicht.

Kukuruz wird der *Mais* genannt, er ist von großer Bedeutung. Als Polenta zubereitet, ist er eine beliebte Beilage zu Fisch- und Fleischgerichten. Aber auch als Hauptmahlzeit sind den Varianten keine Grenzen gesetzt. In Dalmatien ist man in bezug auf Kukuruz ganz besonders erfinderisch. Salzige Gerichte aus Mais, aufbereitet mit Zutaten wie Fett, Zwiebeln, Butter, Käse, Paprika, Schafkäse und saurem Rahm,

Donauschwäbische junge Bäuerin mit Wurilen (= Gänseküken) im Korb

wurden dort »erfunden« und von ganz Südosteuropa übernommen. Aber auch die süßen Maisgerichte, zum Beispiel mit Zwetschgenmus, Zucker und Zimt kombiniert, sind nicht mehr wegzudenkende, lukullische Köstlichkeiten.

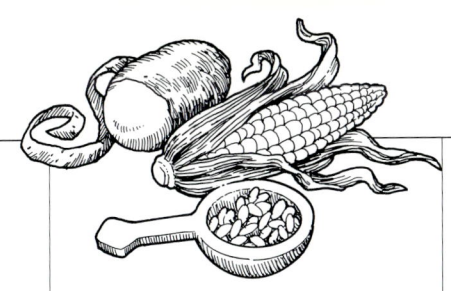

Erdäpfelschmarrn

120 Jahre altes Rezept
Banat, Batschka

1 kg am Vortag in der Schale
gekochte Kartoffeln
(mehligkochende)
150 g Mehl
etwas Salz
50 g Schweineschmalz
1 feingehackte Zwiebel

Die Kartoffeln pellen, reiben
und mit Mehl und Salz zusammenkneten. Das Schmalz erhitzen, die Kartoffelmischung
und die Zwiebel darin anbraten. Dabei immer wieder um-
schäufeln, bis schöne, hell-
braune Brocken entstehen.
Mit sauren Gurken servieren.

HINWEIS

Wird der Schmarrn ohne Zwiebel zubereitet, kann er auch zu
Kompott gereicht werden.

Flutten

Sparrezept aus der Batschka

1 kg mehligkochende
Kartoffeln
Salzwasser zum Kochen
gehackte Petersilie
etwas Pfeffer
80 g Mehl
50 g Schweineschmalz
saurer Rahm

Die Kartoffeln schälen, würfeln
und in Salzwasser weich kochen. Abgießen, stampfen und
mit Petersilie, Pfeffer und Mehl
vermengen. Eßlöffelweise in
heißes Schmalz geben, etwas
flach drücken und gut durchziehen lassen. Zum Servieren mit
Sauerrahm (nach Geschmack
mit 1 TL Paprika vermengt) begießen, da sie ansonsten in der
Batschka als »Rachenhänger«
bezeichnet wurden.

Kartoffelschweinchen

Siebenbürgen

250 g mehligkochende
Kartoffeln
250 g Mehl
10 g Hefe
⅛ l lauwarme Milch
2 Eigelb
Salz
3 Eiweiß
Öl zum Ausbacken

Die Kartoffeln kochen, schälen
und durchpassieren. Das Mehl
hinzugeben und beides locker
vermengen. Die Hefe in etwas
Milch auflösen, mit Mehl bestäuben und das Dampferl aufgehen lassen. Wenn es sein
Volumen verdoppelt hat, alle
Zutaten, also die mit Mehl
vermengten Kartoffeln, das
Dampferl, Eigelb und Salz vermengen. Zuletzt das zu steifem Schnee geschlagene Eiweiß hinzugeben. Den Teig
zudecken und nochmals aufgehen lassen.
In einem Reindel (Bratreine)
Öl erhitzen. Von dem Teig kaf-
feelöffelgroße »Schweinchen«
(Nockerl) abstechen und im
Öl schwimmend goldgelb bakken.

HINWEIS

Aus diesem Kartoffelteig kann
man auch »Rübchen« (wie
Kroketten) formen, in Mehl, Ei
und Bröseln wenden und in
heißem Öl ausbacken. Beide
Rezepte können als Hauptgericht mit Marmelade oder als
feine Zuspeise für Braten gereicht werden.

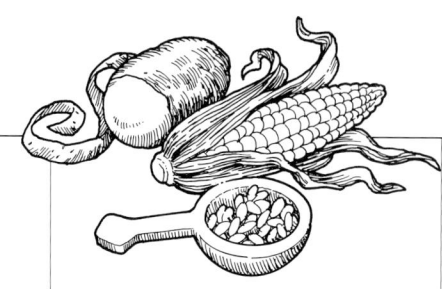

Sztrapacska

Foto Seite 30

Slowakei

600 g mehligkochende Kartoffeln
300 g Mehl
60 g Schweineschmalz
1 Prise Salz
Salzwasser zum Kochen
100 g Räucherspeck
150 g zerbröselter Schafkäse
125 g dicker, saurer Rahm

Die Kartoffeln schälen und roh reiben. Das Mehl mit den geriebenen Kartoffeln, Schmalz und Salz zu einem glatten Kartoffelteig vermengen. Schnell arbeiten, damit die Kartoffeln sich nicht verfärben. Mit Hilfe von zwei Löffeln Spätzchen abstechen, in sprudelnd kochendes Salzwasser gleiten lassen und kurz kochen. Sie sind gar, wenn sie an die Oberfläche steigen. Abgießen.
Den Speck in kleine Würfel schneiden, in einer Pfanne goldbraun ausbraten. Die Grieben herausnehmen und die abgetropften Spätzchen in dem Bratfett wälzen. Zugedeckt bei schwacher Hitze 10 Minuten ziehen lassen. Mit Schafkäse bestreuen und vermischen. Mit den Grieben belegen und den Rahm darübergießen.

Tepsi-Krumpiere

Batschka, St. Ivan

1 kg mehligkochende Kartoffeln
3 große Zwiebeln
Schweineschmalz für die Form
Räucherspeckscheiben
pro Person 20 cm Bratwurst nach Belieben (Kolbász)
Edelsüßpaprika
etwas Salz

Die Kartoffeln schälen. Kartoffeln und Zwiebeln in Scheiben schneiden. Eine Bratreine dick mit Schmalz ausfetten und die Kartoffelscheiben dachziegelartig einschichten, so daß man den Boden der Form nicht mehr sieht. Mit den Zwiebel- und Speckscheiben und evtl. der Bratwurst belegen. Mit Paprika bestäuben, leicht salzen und im vorgeheizten Rohr bei 190 °C eine gute halbe Stunde knusprig braun braten.

VARIANTE

Aus 1 Tasse Mehl, Wasser, etwas Salz und Edelsüßpaprika ein leichtes Teigerl anrühren und über die Kartoffelscheiben gießen, bevor sie belegt werden. Das ergibt eine besonders gute Kruste am Boden der Reine.

Strapatschka

Zips

500 g mehligkochende Kartoffeln
1 Ei
1 Prise Salz
1 EL Schweineschmalz
dunkles Mehl nach Bedarf
Salzwasser zum Kochen
150 g Räucherspeck
100 g zerbröselter Schafkäse

Die Kartoffeln in der Schale kochen, etwas auskühlen lassen und durchpressen. Ei, Salz und Schmalz einarbeiten und so viel Mehl, daß ein geschmeidiger Kartoffelteig entsteht. Von dem Teig mit einem Löffel Nockerl abstechen und in siedendes Salzwasser einlegen. Sie sind gar, wenn sie aufsteigen. Abgießen.
Den Speck in kleine Würfel schneiden, in einer Pfanne goldbraun ausbraten. Die Grieben herausnehmen und die abgetropften Nockerl in das heiße Bratfett geben. Den Schafkäse sehr schnell untermischen. Das Gericht auf einer heißen Platte anrichten und mit den Grieben bestreuen.

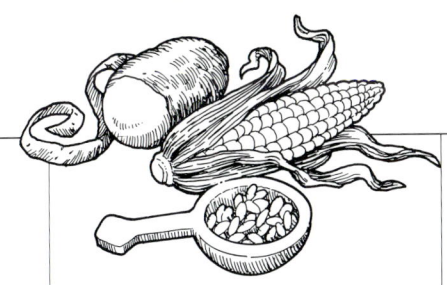

Schupfnudeln

Foto

Banat, Batschka

1 kg mehligkochende
Kartoffeln
1 Prise Salz
Mehl nach Bedarf
Salzwasser zum Kochen
ca. 80 g Semmelbrösel
150 g Schweineschmalz

Die Kartoffeln in der Schale kochen, kurz auskühlen lassen, schälen und durchpressen. Die noch lauwarme Kartoffelmasse mit Salz und so viel Mehl zusammenkneten, daß der Teig nicht mehr zu sehr klebt. Er soll mittelfest sein. Fingerlange Nudeln formen, indem man sie in Mehl immer ein wenig »schubst«. In kochendes Salzwasser gleiten lassen und abseihen, wenn sie aufgestiegen sind. Semmelbrösel in heißem Schmalz rösten, die abgetropften Nudeln vorsichtig darin wälzen. Zu Fleischgerichten oder mit Kompott als Hauptspeise servieren.

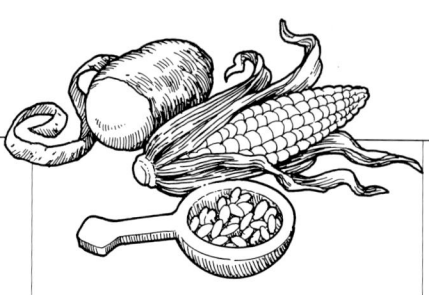

Scharfe Krumpiere

Batschka

1 kg mehligkochende Kartoffeln
2 große Zwiebeln
30 g Schweineschmalz
2 gehäufte EL Edelsüßpaprika
¾ l Wasser
Salz
1 gehäufter EL Tomatenmark nach Belieben 1 rote Paprikaschote und durchwachsener Räucherspeck oder frische oder leicht geräucherte Bratwürste (bzw. Wiener Würstchen oder Debrecziner)

Die Kartoffeln schälen und vierteln. Die Zwiebeln fein schneiden und im heißen Schmalz anrösten. Paprika dazurühren und schnell mit Wasser aufgießen, damit er nicht bitter wird. Kartoffeln, Salz, Tomatenmark und evtl. gewürfelte Paprikaschote sowie den in fingerdicke Stücke geschnittenen Speck oder Bratwürste in die Flüssigkeit geben und kochen, bis die Kartoffeln weich sind. Statt Speck bzw. Bratwürsten können kurz vor Ende der Garzeit auch Wiener Würstchen oder Debrecziner zugegeben werden.

VARIANTE

Statt Speck bzw. Würsten Nokkerl in der fast fertigen Suppe kochen. Dazu pro Person 1 Ei mit etwas Salz und so viel Mehl verrühren, daß ein halbfester Teig entsteht. Diesen so lange abschlagen, bis er sich vom Schüsselrand löst. Mit dem Teelöffel kleine Nockerl abstechen und direkt in die Suppe gleiten lassen.

Kartoffel-Prósza

Budapest

1 kg mehligkochende Kartoffeln
Salz
100 g Grieben
Fett für das Backblech

Die Kartoffeln schälen, reiben, salzen und mit den Grieben mischen. Ein Backblech gut fetten, die Kartoffelmasse daraufstreichen und im vorgeheizten Rohr bei 180 °C gut eine halbe Stunde knusprig überbacken. Gut zu Wein und Bier.

Saure Krumpiere mit Nudeln

Batschka

500 g mehligkochende Kartoffeln
1 große Zwiebel
50 g Schweineschmalz
2 EL Edelsüßpaprika
¾ l Wasser
1 Lorbeerblatt
Salz
1 Schuß Weinessig
1 Ei (pro Person)
2–3 EL saurer Rahm
500 g nach Grundrezept (Seite 16) selbst zubereitete oder fertig gekaufte Bandnudeln

Die Kartoffeln schälen und in dünne Scheiben schneiden. Die Zwiebel fein schneiden. Im heißen Schmalz die Zwiebel anrösten. Paprika dazugeben und schnell mit Wasser aufgießen. Lorbeerblatt, Salz und die Kartoffelscheiben dazugeben. Wenn die Kartoffeln weich sind, den Weinessig dazugießen und dann ganz vorsichtig die aufgeschlagenen Eier in die Suppe gleiten lassen, sie müssen ganz bleiben. Einige Minuten weiterkochen lassen, dann mit Rahm verfeinern. Die Nudeln in Salzwasser kochen und abgeseiht zur Suppe servieren.

Kartoffel-Ganica

Budapest

1 kg mehligkochende
Kartoffeln
80 g Mehl
1 TL Salz
1 Messerspitze Edelsüßpaprika
ca. 50 g Schmalz für die Form
3 große, feingehackte,
in Schmalz geröstete Zwiebeln
ca. 125 g saurer Rahm

Die Kartoffeln schälen, kochen
und durchpressen. Die noch
lauwarme Kartoffelmasse mit
Mehl, Salz und Paprika gut vermischen. Eine feuerfeste Form
sehr gut ausfetten; mit dem
Fett nicht sparen, da das Gericht sonst anklebt. Die Kartoffelmasse hügelartig einschichten und mit viel in Fett
gerösteten Zwiebeln bestreu-
en. Reichlich sauren Rahm verquirlen, darübergießen und
im vorgeheizten Rohr bei
180 °C in ca. 30 Minuten goldbraun überbacken.

Kartoffelspatzen

Altes Rezept aus dem Elsaß

2 kg Kartoffeln, Salz
500 g am Vortag gekochte
Kartoffeln (mehligkochende)
3 gehäufte EL dicker, saurer
Rahm
heißes Gänse- oder
Schweineschmalz
oder braune Butter zum
Begießen

Die Kartoffeln schälen und
roh reiben, durch ein poröses
Tuch das Wasser abpressen.
Die ausgedrückten Kartoffeln
in eine Schüssel geben, mit etwas Salz bestreuen. Das abge-
preßte Kartoffelwasser stehen
lassen, damit sich die Stärke
absetzt. Die gekochten Kartoffeln durchpressen und mit
dem sauren Rahm zu den ro-
hen Kartoffeln geben. Von der
inzwischen abgesetzten Kartof-
felstärke das Wasser abgießen
und mit den Kartoffeln gut zusammenkneten. Etwa 10 Knödel formen und in kochendes
Salzwasser einlegen. Wenn sie
aufgestiegen sind, noch ca.
30 Minuten ziehen lassen. Die
Spatzen mit einem Schaumlöffel herausnehmen, abtropfen
lassen, auf eine vorgewärmte
Platte legen, mit zwei Gabeln
auseinanderreißen und mit
dem Schmalz oder Butter begießen. Gut zu Sauerkraut.

Kartoffelstangen »Darwitscher«

Böhmen

1¼ kg mehligkochende
Kartoffeln
500 g trockener Topfen (Quark)
3 ganze Eier
100 g Grieben
400 g Mehl
1 feingehackte, geröstete
Zwiebel
1 Prise Pfeffer
Fett für das Backblech

Die Kartoffeln in der Schale
kochen, kurz auskühlen lassen, schälen und durchpressen. Den Topfen mit den übrigen Zutaten dazugeben und
gut zusammenkneten. Den
Teig in vier Teilen jeweils separat auswalken. In 10–12 cm
lange, 5 cm breite Stücke
schneiden, auf ein gut gefettetes Backblech legen und im
vorgeheizten Rohr bei 180 °C
in ca. 30 Minuten hellgelb bakken. Warm oder kalt servieren.

Kartoffelplätzchen

Ungarn Foto

3 Teile gekochte, durch-
gepreßte Kartoffeln
1 Teil Mehl
1 feingeschnittene, in Fett
glasig geröstete Zwiebel
etwas gehackte Petersilie
etwas Salz, 2–3 Eier
Schweineschmalz zum
Ausbacken

Aus den angegebenen Zuta-
ten einen glatten Kartoffelteig
kneten. Evtl. mit noch etwas
mehr Mehl binden. Auf be-
mehltem Brett Kugeln formen,
diese etwas flach drücken und
nach Belieben mit einem Mes-
serrückenVierecke markieren.
In erhitztem Schmalz schwimmend ausbacken. Die Plätzchen allein oder als Beilage zu
Wild servieren.

Kartoffelnudeln Foto
mit Topfen

Banat

1 kg mehligkochende
Kartoffeln
5 EL Mehl
1 Prise Salz
2 Eier
2 EL Grieß
4 EL trockener Topfen (Quark)
Fett zum Ausbacken

Kartoffel-
plätzchen

Kartoffelnudeln

Kartoffelkücherl

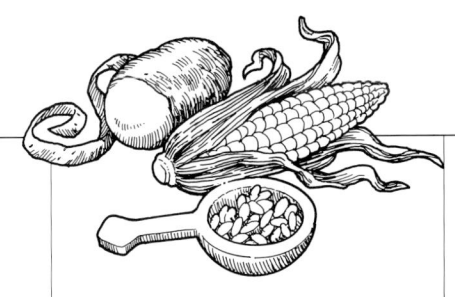

Die Kartoffeln in der Schale kochen, kurz auskühlen lassen, schälen und durchpressen. Die noch lauwarme Kartoffelmasse mit Mehl, Salz, Eiern, Grieß und Topfen gut zusammenkneten. Aus dem Teig fingerdicke Nudeln ähnlich wie Schupfnudeln formen und in heißem Fett von beiden Seiten goldgelb ausbacken.

Kartoffelkücherl   Foto

Österreich

1 kg mehligkochende Kartoffeln
1 TL Salz, 1 Prise Pfeffer
2 gehäufte EL Semmelwürfel
20 g Butter
Butter für das Backblech
nach Belieben frisch
ausgelassene Grieben

Die Kartoffeln in der Schale kochen, kurz auskühlen lassen, schälen und noch halbwarm zerdrücken. Mit Salz, Pfeffer, Semmelwürfeln und Butter gut vermengen. Mit der Hand gleichmäßige, etwa 7 cm Ø große Kücherl formen und flach drücken. Ein Backblech buttern, die Kücherl nebeneinander daraufflegen und im vorgeheizten Rohr bei 190 °C in ca. 30 Minuten goldbraun backen. Evtl. mit Grieben bestreuen. Mit Essigpflaumen servieren.

Kartoffelgemüse mit Hefeküchlein

Batschka, Banat

Kartoffelgemüse

500 g mehligkochende Kartoffeln
2 Lorbeerblätter
1 l Salzwasser
50 g Schweineschmalz
1 große, feingeschnittene Zwiebel
2 EL Mehl
1 Messerspitze Edelsüßpaprika
1 Schuß guter Weinessig
1 EL dicker, saurer Rahm

Hefeküchlein

650 g Mehl
½ l lauwarme Milch
20 g Hefe
1 EL Zucker
30 g zerlassene Butter
1 Ei, 3 Eigelb
1 Prise Salz
Schmalz zum Ausbacken

Die Kartoffeln schälen, in dünne Scheiben schneiden und zusammen mit den Lorbeerblättern in leichtem Salzwasser weich kochen. Im heißen Schmalz die Zwiebel anrösten, Mehl dazurühren und etwas mitrösten lassen. Paprika zugeben und zum Kartoffelgemüse geben. Aufkochen lassen, mit Weinessig abschmecken und mit saurem Rahm verfeinern.

Für die Hefeküchlein das Mehl in eine Schüssel sieben, in die Mitte eine Vertiefung drücken. Von der Milch 3–4 EL abnehmen und darin in einer Tasse die Hefe mit Zucker auflösen, anschließend in die Mehlmulde schütten. Mit etwas Mehl bestreuen, die Schüssel mit einem Tuch abdecken und das Dampfl an einem warmen Ort aufgehen lassen. Wenn das Dampfl sein Volumen etwa verdoppelt hat, die übrigen Zutaten dazugeben und alles zusammen gut abschlagen, bis sich der Teig vom Schüsselrand löst. Erneut aufgehen lassen. Den Hefeteig auf ein bemehltes Brett stürzen und gut daumendick auswalken. In gleichmäßige Vierecke von 6 × 12 cm schneiden. Nochmal mit einem Tuch bedeckt aufgehen lassen, dann in der Mitte etwas auseinanderziehen und im heißen Schmalz goldbraun ausbacken und zum Kartoffelgemüse servieren. Die Hefeküchlein passen auch gut zu dicker Weiße-Bohnen-Suppe.

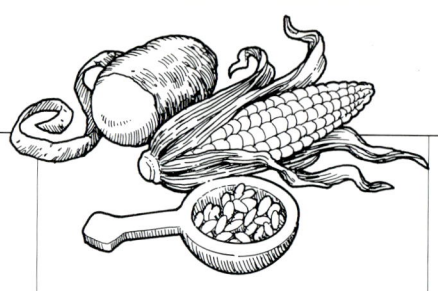

Kartoffelnudeln mit Hefe

Österreich

500 g Mehl
¼ l lauwarme Milch
30 g Hefe
1 Prise Zucker
1 Messerspitze Salz
70 g zerlassene Butter
3 Eier
500 g gekochte, durch-
gepreßte Kartoffeln
(mehligkochende)
Schmalz zum Ausbacken
Zucker zum Bestäuben

Das Mehl in eine Schüssel sieben, in die Mitte eine Vertiefung drücken. Von der Milch 3–4 EL abnehmen und darin in einer Tasse die Hefe mit Zucker auflösen, anschließend in die Mehlmulde schütten. Mit etwas Mehl bestreuen, die Schüssel mit einem Tuch abdecken und das Dampfl an einem warmen Ort aufgehen lassen. Wenn das Dampfl sein Volumen etwa verdoppelt hat, die übrigen Zutaten dazugeben und alles zusammen gut abschlagen, bis sich der Teig vom Schüsselrand löst. Erneut aufgehen lassen, noch einmal durchkneten und auf einem bemehlten Brett dick auswalken. Fingerdicke Nudeln ähnlich wie Schupfnudeln formen. Nochmal mit einem Tuch bedeckt aufgehen lassen, dann im heißen Schmalz ausbacken. Leicht mit Puderzucker bestäubt servieren.

Skubanki

Slowakei

1½ kg mehligkochende
Kartoffeln, Salz
250 g Mehl
150 g Butter oder Margarine
150 g feingemahlener Mohn
und Zucker zum Bestreuen

Die Kartoffeln schälen, vierteln und in Salzwasser weich kochen. Das Wasser abgießen, die Erdäpfel zugedeckt kurz ausdünsten lassen und zerstampfen. Mit dem Kochlöffelstiel Löcher in die Kartoffelmasse stechen, Mehl hineinschütten und auf der warmen Herdplatte zugedeckt 15 Minuten stehen lassen. Dann fest abrühren, mit einem Löffel Nocken abstechen und diese in dem heißen Fett leicht anbraten. Mit Mohn und Zucker bestreuen. Vorher können sie nach Belieben noch mit heißer Butter begossen werden.

Kartoffelnudeln mit Äpfeln

Foto Seite 30

Ungarn

1 kg mehligkochende
Kartoffeln
2 Eier
5 gehäufte EL Mehl
1 Prise Salz
2 EL Zucker
Fett für das Backblech

Apfelfüllung

4 gehäufte EL in Butter
geröstete Semmelbrösel
4 EL Zucker
Zimt
400 g geschälte, fein-
geschnittene Äpfel

Die Kartoffeln in der Schale kochen, kurz auskühlen lassen, pellen und durchpressen. Die noch lauwarme Kartoffelmasse mit den Eiern, Mehl, Salz und Zucker gut zusammenkneten. Den Teig in vier Teilen jeweils separat auswalken. Jeden Fleck mit 1 gehäuften EL Semmelbröseln, 1 EL Zucker und etwas Zimt bestreuen und mit 100 g Äpfeln belegen. Locker zusammenrollen, auf ein gut gefettetes Backblech legen und im vorgeheizten Rohr bei 170 °C ca. 45 Minuten backen.

Erdäpfelfinger

120 Jahre altes Rezept

1 kg am Vortag gekochte Kartoffeln (mehligkochende)
2 Eier
150 g Mehl
etwas Salz
1 EL dicker, saurer Rahm
Schmalz zum Ausbacken
Konfitüre zum Tunken

Die Kartoffeln schälen, reiben und mit den Eiern, Mehl, Salz und Sauerrahm zusammenkneten. Mit bemehlten Händen fingerlange Nudeln formen und schwimmend in heißem Schmalz goldgelb bakken. Mit Konfitüre zum Eintunken servieren. Bei Kindern sehr beliebt.

Kartoffelkipferl

Banat

250 g mehligkochende, in der Früh gekochte Kartoffeln
250 g Mehl
50 g handwarme Butter
2 gehäufte EL Zucker
1 Prise Salz
1 ganzes Ei
Konfitüre zum Füllen
Fett für das Backblech

Die Kartoffeln pellen, durchpressen. Mit den übrigen Zutaten gut zusammenkneten und auf einem bemehlten Brett möglichst dünn auswalken. In ca. 5 × 5 cm große Quadrate schneiden, in die Mitte etwas Konfitüre geben, diagonal zu Kipferl zusammenschlagen und die Ränder etwas andrükken. Auf ein gut gefettetes Backblech legen und im vorgeheizten Rohr bei 175–180 °C in ca. 30 Minuten goldgelb backen.

Krumpierenstrudel mit Zwetschgen

Batschka

1 kg mehligkochende Kartoffeln
250 g Mehl
3 Eier
2 EL Zucker
1 Prise Salz
Fett für das Backblech

Zwetschgenfüllung

50 g in Schmalz geröstete Semmelbrösel
2–3 EL Zucker
500 g entsteinte, geviertelte Zwetschgen

Die Kartoffeln in der Schale kochen, kurz auskühlen lassen, pellen und durchpressen. Die noch lauwarme Kartoffelmasse mit Mehl, Eiern, Zucker und Salz gut zusammenkneten.

Den Teig auf einem bemehlten Brett ziemlich dünn auswalken. Mit Bröseln und Zucker bestreuen und mit Zwetschgen belegen. Locker zusammenrollen und auf ein gut gefettetes Backblech legen. Bei 170 °C im vorgeheizten Rohr ca. 45 Minuten backen.

Schupfnudeln gebacken

Banat, Batschka

1 kg mehligkochende Kartoffeln
½ TL Salz, 2 Eier
Mehl nach Bedarf
Salzwasser zum Kochen
Fett zum Ausbacken

Die Kartoffeln in der Schale kochen, kurz auskühlen lassen, pellen und durchpressen. Die noch lauwarme Kartoffelmasse mit Salz, den Eiern und so viel Mehl zusammenkneten, daß der Teig nicht mehr zu sehr klebt; er soll mittelfest sein. Etwas größere und dickere Nudeln formen, indem man sie in Mehl immer ein wenig »schubst«. Schwimmend in heißem Fett ausbacken. In Konfitüre tunken oder in süßer Milch servieren. Hierzu wird Milch mit einer Prise Salz und Zucker nach Geschmack vorher kurz aufgekocht.

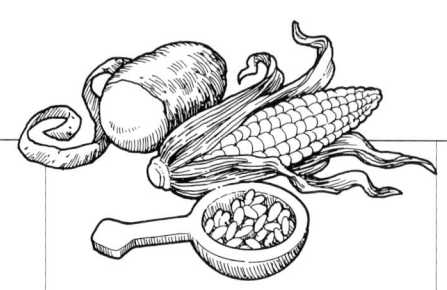

Schwanzl oder Wutzerl

Siebenbürgen

| 650 g mehligkochende |
| Kartoffeln |
| 350 g Mehl |
| 1 Ei |
| Salz |
| 1 EL Semmelbrösel |
| Öl oder Butterschmalz |
| zum Ausbacken |
| Zucker und Zimt zum |
| Bestreuen |

Die Kartoffeln kochen, schälen und durchpassieren. Locker mit dem Mehl, Ei und Salz vermengen. Den Kartoffelteig auf einer bemehlten Fläche zu einer gut daumendicken Rolle formen und davon mit einem Messer etwa 2 cm dicke Scheibchen abschneiden. Jedes Scheibchen mit der Hand zu einem kleinen Würstchen drehen. Alle »Schwanzl« zusammen in siedendem Salzwasser weich kochen, in einem Durchschlag abtropfen lassen, in gerösteten Semmelbröseln wenden und in Öl oder Butterschmalz ausbakken. Mit Zucker und Zimt bestreuen und mit Hagebuttenmarmelade servieren.

Mohnkichl

130 Jahre altes Rezept

| 1 kg mehligkochende, in der |
| Früh gekochte Kartoffeln |
| 2 Eier |
| 250 g Mehl, 1 TL Salz |
| Fett für das Backblech |
| Ei zum Bestreichen |

Mohnfüllung

| ¼ l Milch, 3 EL Honig |
| 500 g feingemahlener Mohn |
| etwas Zucker |
| 1 Päckchen Vanillinzucker |
| 1 Schuß Rum |

Bei diesem Rezept ist es sinnvoll, zuerst die Füllung zuzubereiten: Die Milch mit dem Honig erhitzen, den Mohn einrühren und einen dicken Brei kochen. Auskühlen lassen. Mit Zucker, Vanillinzucker und Rum abschmecken.
Die Kartoffeln pellen, durchpressen und mit den Eiern, Mehl und Salz zu einem festen Teig kneten. Zur Rolle formen und etwa gänseeigroße Stücke abschneiden. Runde Flecken daraus formen, diese füllen und zu Knödeln drehen. Die Knödel wieder flach drücken. Vorsichtig verfahren, damit die Füllung nicht heraustritt. Auf ein gut gefettetes Backblech legen, mit Ei bestreichen und im vorgeheizten Rohr bei 180 °C in ca. 30 Minuten goldbraun backen.

Pekmestaschkerl

Batschka

| ¾ kg mehligkochende |
| Kartoffeln |
| 30 g Schweineschmalz |
| 250 g Mehl |
| Salz |
| 1 Ei |
| Zwetschgenmus (Pekmes) |
| Salzwasser zum Kochen |
| in Fett geröstete |
| Semmelbrösel |
| Puderzucker zum Bestäuben |

Die Kartoffeln in der Schale kochen, kurz auskühlen lassen, pellen und durchpressen. Die noch lauwarme Kartoffelmasse mit Schmalz, Mehl, Salz und dem Ei gut zusammenkneten. Auf einem bemehlten Brett dünn auswalken und in Quadrate schneiden. In die Mitte jedes Quadrats 1 TL Zwetschgenmus geben und zu Dreiecken zusammenklappen, die Ränder gut andrücken. Die Taschkerl in kochendes Salzwasser gleiten lassen. Sie sind gar, wenn sie an die Oberfläche aufgestiegen sind. Abgießen, abtropfen lassen und vorsichtig in den Bröseln wenden. Mit Puderzucker bestäubt servieren.

REISGERICHTE

Reis mit grünen Erbsen

Foto

Österreich

280 g Langkornreis
50 g Schweineschmalz
Salz
Wasser zum Kochen
250 g grüne Erbsen
Salzwasser zum Kochen

Den Reis in ein Sieb geben und gut mit kaltem Wasser abbrausen. Das Schmalz erhitzen, den abgetropften Reis hineingeben und umrühren, so daß sich das Fett gleichmäßig verteilt. Leicht salzen, mit Wasser knapp bedecken, weich kochen. Dabei ab und zu umrühren und notfalls kleinere Mengen Wasser nachgießen. Inzwischen die Erbsen in leichtem Salzwasser weich kochen, abgießen und abgetropft mit dem Reis vermengen. Evtl. mit Schinkenwürfeln oder Spiegeleiern servieren.

VARIANTE

Reis mit Pilzen: Statt der Erbsen beliebige Pilze verwenden. Ca. 250 g Pilze fein würfeln und mit gehackter Petersilie in heißem Fett anrösten; salzen und im eigenen Saft weich dämpfen. Mit dem Reis vermengen und zu Braten servieren.

Reisrand

Wien

280 g Reis, möglichst
Rundkorn
Fleischbrühe zum Kochen
50 g frische Butter
50 g geriebener Parmesan
200 g kleine Leberstückchen
oder Krebsschwänzchen
Fett für die Puddingform
geriebener Parmesan zum
Bestreuen

Den Reis in ein Sieb geben
und gut mit kaltem Wasser abbrausen. Mit soviel Fleischbrühe in einen Topf geben, daß er
knapp bedeckt ist. Weich
dämpfen. Butter, Parmesen
und Leberstückchen bzw.
Krebsschwänzchen unterrühren. Diese Mischung in eine
gefettete Ringform füllen, die
Form fest schließen und in ein
kochendes Wasserbad stellen.
Nach ca. 30 Minuten ist der
Pudding gar. Die Form öffnen,
den Pudding vorsichtig auf eine vorgewärmte Platte stürzen
und, mit Parmesan bestreut,
servieren.

Milchreis

Im ganzen Land

280 g Milchreis (Rundkorn)
1 l Milch zum Kochen
1 Prise Salz
4 EL Zucker

Für das warme Gericht
Schokoladestreusel
etwas Kakao
Zucker und Zimt oder Sauer-
kirschkonfitüre

Für das kalte Gericht
Eingeweckte Aprikosen
Vanillesoße

Den Reis in ein Sieb geben
und gut mit kaltem Wasser abbrausen. Die Milch zum Kochen bringen, Salz und Zucker
dazugeben und den abgetropften Reis darin weich kochen.
Warm mit einer der angegebenen Zutaten servieren. Soll
das Gericht kalt gegessen werden, den heißen Reis in eine
kalt ausgespülte Form füllen
und nach dem Erkalten stürzen. Im Aprikosenkranz mit Vanillesoße servieren.

MAISGERICHTE

Polenta

Banat, Dalmatien

1 l Salzwasser zum Kochen
500 g Maisgrieß (Kukuruz)
50 g heiße Butter
50 g geriebener Parmesan

Das Salzwasser zum Kochen
bringen. Unter ständigem Rühren den Maisgrieß einrieseln
lassen und bei schwacher Hitze in ca. 15 Minuten zu einem
dicken Brei kochen. Den Topf
von der Herdstelle nehmen
und das Gericht 30 Minuten
ziehen, aber nicht auskühlen
lassen. Mit Hilfe von zwei Eßlöffeln Nocken abstechen, auf
eine vorgewärmte Platte legen, mit der Butter begießen
und mit Parmesan bestreuen.
Paßt gut zu gebratenen
Schweinswürsteln.

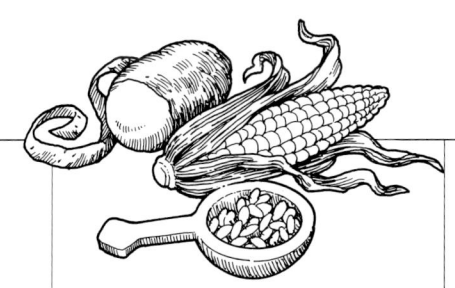

Polenta mit Pekmes

Bosnien

1 l Salzwasser zum Kochen	
400 g Maisgrieß (Kukuruz)	
Fett für die Form	
Zwetschgenmus (Pekmes)	
zum Bestreichen	
60 g Butterflöckchen	
Zucker und Zimt zum	
Bestreuen	

Das Salzwasser zum Kochen bringen. Unter ständigem Rühren den Maisgrieß einrieseln lassen. Unter weiterem ständigen Rühren ca. 30 Minuten weiterkochen. Eine feuerfeste Form ausfetten. Eine gut fingerdicke Schicht Maisbrei hineinstreichen und dick mit Zwetschgenmus bestreichen. Noch zweimal so verfahren. Die oberste Schicht besteht aus Maisbrei und wird mit Butterflöckchen belegt. Bei 175 °C im vorgeheizten Rohr in ca. 25 Minuten goldbraun backen. Mit Zucker und Zimt bestreuen.

Dalmatinische Polenta

Dalmatien

1 l Salzwasser zum Kochen	
250 g Maisgrieß (Kukuruz)	
1 Prise Muskat	
Schmalz für die Form	
250 g Schafkäse	
1 EL dicker, saurer Rahm	
150 g durchwachsener Speck	
2 feingehackte Zwiebeln	
1 EL Edelsüßpaprika	

Das Salzwasser zum Kochen bringen. Unter ständigem Rühren den Maisgrieß einrieseln lassen. Unter weiterem ständigen Rühren bei geringer Hitze ca. 30 Minuten kochen lassen. Eine feuerfeste Form dick mit Schmalz ausstreichen. Eine Schicht Polentabrei einfüllen, darauf eine Lage Käse, wieder Polenta, Käse und zuletzt den Rahm. Im vorgeheizten Rohr bei 175 °C in ca. 30 Minuten goldgelb überbacken. Inzwischen den Speck klein würfeln und knusprig ausbraten. Die Grieben herausnehmen. In dem Auslaßfett die Zwiebeln anrösten, mit Paprika vermischen. Evtl. übriges Fett abgießen und die Zwiebeln über die Polenta verteilen. Mit den Grieben bestreuen. Hierzu passen kleine, auf dem Rost gebratene Würstchen und grüner Salat.

Gebackene Polenta

Kroatien

1 l Milch zum Kochen	
100 g flüssige Butter	
200 g Maisgrieß (Kukuruz)	
½ TL Salz	
30 g Mehl	

Die Milch in einem ofenfesten Topf zum Kochen bringen. Inzwischen die halbe Menge der flüssigen Butter mit dem Grieß, Salz und Mehl mischen und langsam in die Milch einrühren. Bei schwacher Hitze unter weiterem ständigen Rühren in ca. 30 Minuten zu einem dicken Brei kochen. Die restliche Butter über die Polenta gießen und im vorgeheizten Rohr bei 175 °C ca. 15 Minuten überbacken. Mit Tomatensalat oder -soße servieren.

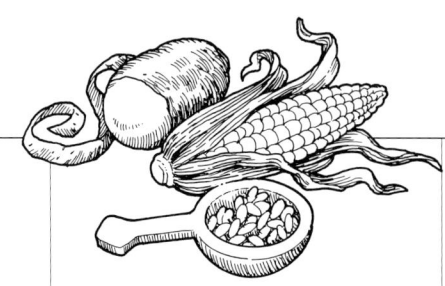

»Male« Foto rechts

Siebenbürgen

1 EL Butter
1 EL Schweineschmalz
Salz
etwas abgeriebene Zitronenschale
1 EL Zucker
4 Eier, getrennt
2 EL süßer Rahm
400 ml Milch
ca. 200 g Maismehl
Fett und Semmelbrösel für
das Backblech
2–3 EL Zucker zum Bestreuen

Die Butter und das Schmalz
flaumig rühren. Salz, Zitronenschale, Zucker, nach und nach
die 4 Eigelb, den Rahm und
die Milch einrühren und so
viel Maismehl, daß ein noch
fließender Teig entsteht (das
Maismehl quillt beim Backen
aus). Zuletzt das zu steifem
Schnee geschlagene Eiweiß
unterheben. Den Teig in ein
gefettetes, mit Semmelbröseln bestreutes Backblech
streichen. Im vorgeheizten
Rohr bei 200 °C 30 Minuten
backen. Den »Male« in große
Vierecke schneiden, mit Zukker bestreuen und noch warm
zu Tisch geben.

Kukuruzmehl- Foto
Schnitte Seite 30

Banat, Batschka

½ l Milch
30 g Butter
Salz
20 g Zucker
150 g Maismehl (Kukuruzmehl)
2 Eier
1 Eigelb
Semmelbrösel zum Wälzen
Schweineschmalz zum
Ausbacken
Zimt und Zucker zum
Bestreuen

Die Milch mit Butter, Salz und
Zucker zum Kochen bringen.
Unter ständigem Rühren das
Maismehl einrieseln lassen
und bei schwacher Hitze in ca.
10 Minuten dick kochen. Die
Masse etwas auskühlen lassen, dann die Eier und das Eigelb dazurühren. In eine kalt
ausgespülte Kastenform einfüllen und ganz erkalten lassen. Stürzen und in gleichmäßige Scheiben schneiden.
Diese in den Bröseln wälzen
und im heißen Schmalz von
beiden Seiten goldgelb ausbacken. Mit Zucker und Zimt
bestreuen. Statt Zimt kann
auch etwas Vanillinzucker verwendet werden.

Puliszka Foto rechts
mit Käse

Banat, Ungarn

1 l Salzwasser zum Kochen
400 g Maisgrieß (Kukuruz)
Fett für die Form
60 g Butterflöckchen
reichlich geriebener Käse
zum Bestreuen

Das Salzwasser zum Kochen
bringen. Unter ständigem Rühren den Maisgrieß einrieseln
lassen. Unter weiterem ständigen Rühren in ca. 30 Minuten
zu einem dicken Brei kochen.
Die Hälfte der Masse gut fingerdick in eine feuerfeste, ausgefettete Form streichen. Dick
mit Käse bestreuen und die
Hälfte der Butterflöckchen
daraufsetzen. Mit dem restlichen Kukuruzteig, Butter und
einer weiteren Schicht Käse
abdecken. Im vorgeheizten
Rohr bei 175 °C in ca. 25 Minuten goldbraun backen und in
der gleichen Form servieren.
Hierzu paßt Tomatensalat.

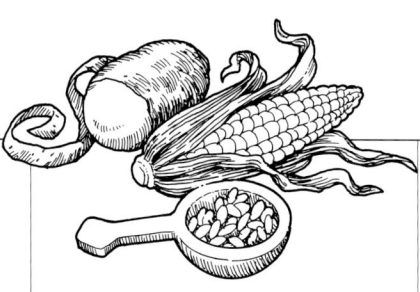

Palukes I

Siebenbürgen

Palukes (Polenta) ist eine der einfachsten Landesspeisen Siebenbürgens. Er wird aus Maismehl zubereitet und ist sehr wohlschmeckend; das Mehl sollte möglichst frisch sein. Der Topf, in dem der Palukes gekocht wird, muß hoch sein, damit beim Abrühren des Breies genügend Platz ist.

Gerührter Palukes

2 l Wasser	
Salz	
1 l Maismehl	

In das kochende Salzwasser in die Mitte des Topfes das Maismehl einlaufen lassen, so daß es sich bergartig aufhäuft. In die Mitte des Maismehlberges mit der Hand oder einem »Palukesstab« eine Vertiefung drücken, so daß das siedende Wasser den »Berg« übersprudelt und auch in die Mitte des Mehlberges dringen kann. Etwa 20–30 Minuten kochen lassen. Dann einen Teil des Wassers in ein anderes Gefäß abgießen und das Mehl mit dem Wasser zu einem glatten, knotenfreien Brei verrühren. Mit dem abgegossenen Wasser nach und nach unter fortwährendem Rühren den Brei wieder verdünnen. Der Palu-

kes soll, wenn er fertig ist, so fest sein, daß ein hineingesteckter Holzlöffel darin aufrecht steht. Nun den Topf mit dem Maisbrei wieder auf die Herdplatte stellen und kochen, bis sich der Brei vom Boden löst, er muß einmal kurz aufpuffen. Den Topf wieder vom Herd nehmen, kräftig schütteln, damit sich der Brei auch vom Rand löst, und auf ein Brettchen (auf das Palukesbrett!) stürzen und aufschneiden. Palukes wird nie mit dem Messer, sondern mit einem Faden, den man unter die Masse legt und hochzieht, geschnitten.

VARIANTEN

Eingestreuter Palukes: Das Maismehl in das siedende Salzwasser einstreuen, dabei mit der Schneerute (Schneebesen) tüchtig schlagen. Unter fortwährendem Rühren mit dem Palukesstab den Brei gut durchkochen.

Palukes mit Milch: Den heißen Palukes bei Tisch in Suppenteller verteilen. Dazu wird in jeden Teller kalte Milch gegossen.

Palukes mit Käse: Eine feuerfeste Form gut mit Öl oder Butterschmalz ausstreichen. Den Boden der Form mit einer Schicht Maisbrei und diese mit Öl glattstreichen. Darauf kommt eine Schicht zerbrösel-

ter Schafkäse (insgesamt 500 g), wieder eine Schicht Palukes usw., bis alle Zutaten verbraucht sind; die letzte Schicht ist Palukes.

Die gefüllte Form ins vorgeheizte Rohr schieben und bei 150 °C etwa 30 Minuten leicht überbacken. In der Form servieren. Dazu wird rohes Sauerkraut gereicht.

Palukes II

Siebenbürgen

1 l Salzwasser zum Kochen	
500 g Maisgrieß (Kukuruz)	
Butter für die Form	
100 g flüssiges Schmalz	
oder Butter	
100 g Schafkäse	
2 EL dicker, saurer Rahm	

Das Salzwasser zum Kochen bringen. Unter ständigem Rühren den Maisgrieß einrieseln lassen. Unter weiterem ständigen Rühren ca. 10 Minuten weiterkochen. Ist die Masse dick, mit Hilfe von 2 EL größere Nocken abstechen und die halbe Menge in eine feuerfeste, gut ausgebutterte Form setzen. Mit der Hälfte des Schmalzes bzw. der Butter begießen, je die halbe Menge Schafkäse und Rahm darüber

verteilen. Mit den restlichen Nocken, Fett, Schafkäse und Rahm abdecken. Im vorgeheizten Rohr bei 175 °C in ca. 25 Minuten goldbraun backen. Auch der Käse soll Farbe annehmen. Zu dieser Fastenspeise aus Siebenbürgen kleingewürfelte Röstkartoffeln und grünen Salat servieren.

Palukes mit Füllung

Siebenbürgen

| ½ l Milch |
| ½ l Wasser |
| 1 TL Salz |
| 250 g Maisgrieß (Kukuruz) |
| 20 g Schweineschmalz |
| 20 g frisch geriebener Hartkäse |

Füllung

| 1 große Zwiebel |
| 60 g durchwachsener, geräucherter Speck |
| 250 g frische Champignons oder Steinpilze |
| 400 g Rinderleber |
| 20 g Schweineschmalz |
| 3 TL Mehl |
| reichlich ⅛ l Rotwein |
| Salz |
| ½ TL weißer, gemahlener Pfeffer |
| 1 Prise Rosmarinpulver |

Für die Form

| Reichlich Schweineschmalz |
| Semmelbrösel zum Ausstreuen |
| 25 g frisch geriebener Hartkäse |
| 20 g Butterflöckchen |

Milch, Wasser und Salz zum Kochen bringen. Den Maisgrieß unter ständigem Rühren einrieseln lassen. Bei nicht zu starker Hitze – etwa wie Milchgrießbrei – 30 Minuten ziehen lassen. Hin und wieder umrühren, damit er nicht anbrennt. In die noch heiße Masse das Schmalz und den Käse rühren.

Die Zwiebel sehr fein hacken, den Speck in kleine Würfel schneiden, die Pilze putzen und in dünne Scheibchen schneiden. Die Leber gut abhäuten, von den Röhren befreien und ebenfalls in kleinere, dünne Scheibchen schneiden. Das Schmalz erhitzen, bis es leicht raucht, Zwiebel und Speck dazugeben und beides unter Rühren goldgelb anrösten. Die Leber dazugeben, anbraten, bis sie eine weißliche Farbe hat, danach die Pilze untermengen und alles kurz durchdünsten. Mit Mehl bestäuben, gut umrühren und mit Rotwein ablöschen. Bei schwacher Hitze noch etwa 5 Minuten garen. Zuletzt mit Salz, Pfeffer und Rosmarinpulver abschmecken.

Eine feuerfeste Form gut mit Schmalz ausfetten und mit Semmelbröseln ausstreuen. Die Hälfte der Palukes-Masse gleichmäßig einfüllen und glatt streichen. Die Fülle darübergeben und mit der restlichen Breimasse abdecken. Wenig Semmelbrösel mit dem geriebenen Käse mischen und die Palukes damit bestreuen. Die Butterflöckchen zerlassen und die Palukes damit übergießen. Im vorgeheizten Backrohr bei 190–200 °C in ca. 45 Minuten hellgelb backen.

Cicvara

Dalmatien

| ½ l dicker, saurer Rahm |
| Salz |
| 125 g Maisgrieß oder Grieß |
| 2 EL Schmalz oder Butter |

Den Sauerrahm mit Salz zum Kochen bringen. Unter ständigem Rühren den Grieß einrieseln lassen und bei schwacher Hitze dick kochen. Immerfort rühren, da der Rahm sonst leicht anbrennt. Die Speise auf einer vorgewärmten Platte anrichten und mit heißem Schmalz oder Butter übergießen. Mit dicker, kalter Sauermilch servieren.

Nockerl, Knödel, Topfennudeln

Die in der gesamten ehemaligen Donaumonarchie bekannten und beliebten *Nockerl* sind etwas größere Verwandte der Spätzle aus dem Schwabenländle. Der Teig darf nicht zu dünnflüssig sein und muß abgeschlagen werden, bis er sich vom Schüsselrand löst und Blasen wirft. An Eiern soll nicht gespart werden. Nach einer Faustregel sind auf 500 Gramm Mehl 4 Eier zu verwenden. Der Teig wird nach und nach mit einem Löffel aufgenommen und die Nockerl mit einem zweiten Löffel direkt in die kochende Flüssigkeit abgestochen. Man kann sie auch mit dem Messer von einem Brett, ebenso direkt in das kochende Wasser oder in die Suppe, abschaben. Nach dem Garziehen und Abseihen werden die Nockerl bevorzugt zu Gulasch, Wildbret und als Suppeneinlage gereicht, aber auch als Hauptmahlzeit weiterverarbeitet und oft mit diversen Soßen serviert.

Obwohl der Name *Knödel* keinen edlen Beiklang hat, sind sie bei sorgfältiger Zubereitung ein Inbegriff lukullischer Freude. Vor allem in Österreich gehören sie zum Bestandteil vieler Hauptmahlzeiten, und schon ihr runder Anblick erhöht die Vorfreude auf den nachfolgenden Genuß. Besonderer Beliebtheit erfreuen sich die süßen Knödel, deren Charme schon die Fürsten Metternich und Talleyrand erlagen. Gutes Essen erwies sich schon immer als völkerverbindend. Jede Hausfrau ist stolz, wenn sie gelungene Zwetschgen- und Marillenknödel auf den Tisch bringen kann.

Obwohl Knödel äußerlich an Kanonenkugeln erinnern, sind sie nicht hart und fest, sondern zart und locker. Voraussetzung ist, daß man einige Faustregeln beherrscht: Alle Knödel werden gleichmäßig, meist mit feuchten Händen vorgeformt, damit sie später zur gleichen Zeit gar werden.

Nur so viele Knödel in die kochende Flüssigkeit einlegen, daß sie nicht aufeinanderliegen. Lieber einen zweiten Topf benutzen oder die erste Portion im Backrohr warm halten. Nach dem Einlegen der Knödel soll das Wasser wieder zum Siedepunkt kommen, darf aber während der Garzeit nur simmern. Die Knödel sollen ihre runde Form behalten, glatt bleiben und nicht aufbrechen. Sinnvoll ist, immer etwas kaltes Wasser bereitzuhalten, um die Gartemperatur schnell absenken zu können. Bei der Verwendung von Kartoffeln gilt, wie schon an anderer Stelle gesagt: Frühe Sorten und alte Lagerkartoffeln sind nicht geeignet.

Übriggebliebene Knödel sind beliebt in der Resteküche. Heute besteht die Möglichkeit, sie für zwei bis drei Monate haltbar zu machen. Sie werden auf einer Platte einzeln vorgefroren und dann, vorschriftsmäßig verpackt, im Tiefkühlschrank oder in der -truhe deponiert.

Kaum ein Nahrungsmittel kann wie der Quark, im bayerisch-österreichischen Raum *Topfen* genannt, so vielseitig verwendet werden wie dieser. Er ist ein vorzüglicher Eiweiß-, Mineralstoff- und Vitamin-Lieferant, sollte aber immer einwandfrei, frisch und knötchenfrei sein. Er darf nicht sauer schmecken und schlierig sein, außerdem nicht zuviel Molke enthalten. Vor Verwendung sollte man ihn in einem Sieb abtropfen lassen oder in einem Tuch auspressen.

NOCKERL

Reisnockerl

Ungarn

1¼ l Milch
40 g Butter
Salz
250 g Milchreis
3 Eier
50 g Mehl
2 l Salzwasser zum Kochen

Die Milch mit der Butter und etwas Salz zum Kochen bringen. Den gewaschenen Reis dazugeben und bei mäßiger Hitze quellen lassen. Das muß genau beachtet werden, da der Reis sonst anbrennt. Von der Herdstelle ziehen und auskühlen lassen. Nach und nach die Eier dazuschlagen und gut mit dem gesiebten Mehl vermengen. Mit Hilfe von zwei Löffeln nicht zu große Nockerl abstechen und diese in dem leicht gesalzenen, siedenden Wasser garziehen lassen. In ein Sieb abgießen. Mit Vanillesoße, heißen Himbeeren oder süßer Tomatensoße servieren.

Kräuternocken   Foto Seite 50

Tirol

500 g in der Schale gekochte Kartoffeln
150 g eingeweichtes Knödelbrot
250 g gedünsteter, gehackter Spinat
150 g Mehl
3 Eier
Salz
3 EL Kräuter nach Wahl (Majoran, Dill, Petersilie, Thymian, Estragon, Kerbel, Schnittlauch – nur eine Sorte verwenden)
nach Bedarf etwas Milch oder Semmelbrösel
2 l Salzwasser zum Kochen
150 g Speck

Die geschälten Kartoffeln durchpressen. Das Knödelbrot gut ausgedrückt zur Kartoffelmasse geben. Zusammen mit dem Spinat, Mehl, den Eiern, Salz und Kräutern untermengen. Zum Auflockern des Teiges evtl. etwas Milch, zum Festigen evtl. Semmelbrösel dazugeben. Gut durcharbeiten. Mit Hilfe von zwei Löffeln kleinere Nocken abstechen. Diese im siedenden Salzwasser (es darf nicht sprudeln) 10 Minuten garziehen lassen. Den Speck in Würfel schneiden, goldgelb ausbraten und über die abgeseihten, abgetropften Nocken gießen.

Geflügelleber-Nockerl

Österreich

750 g mehligkochende Kartoffeln
80 g Mehl
80 g Kartoffelmehl
2 Eier, ca. 3 EL Milch
60 g feingewürfelter Räucherspeck, 1 Semmel
125 g feingewiegte Geflügelleber
Salz, Pfeffer, 1 Prise Majoran
2 l Salzwasser zum Kochen
1 große Zwiebel
100 g Schweineschmalz

Die Kartoffeln in der Schale kochen und ganz auskühlen lassen. Die kalten Kartoffeln pellen und reiben. Mit Mehl, Kartoffelmehl, Eiern und Milch zu einem festen Teig verarbeiten. Den Speck hellgelb ausbraten, die in kleine Würfel geschnittene Semmel darin anrösten. Zusammen mit der Geflügelleber, Salz, Pfeffer und Majoran in den Kartoffelteig einarbeiten. Mit Hilfe von zwei Löffeln nicht zu große Nockerl abstechen und im siedenden Salzwasser (es darf nicht sprudeln) 10 Minuten garziehen lassen. Inzwischen die Zwiebel in feine Streifen schneiden und im Schmalz hellgelb rösten. Die abgeseihten Nockerl damit übergießen und heiß servieren.

Römische Nockerl

Foto

Südosten

1 l Milch	
30 g Butter	
250 g Weizengrieß	
2 Eier	
Salz	
Muskat	
Fett für die Form	
50 g geriebener Käse	
1 gehäufter EL Butterflöckchen	

Die Milch mit der Butter aufkochen lassen. Den Grieß hineinrühren und bei mäßiger Hitze unter ständigem Rühren dick einkochen. Von der Herdstelle ziehen, abkühlen lassen. Einzeln die Eier dazurühren und mit Salz und Muskat abschmecken. Ein mit kaltem Wasser abgespültes Backblech mit der Masse bestreichen und diese ganz erstarren lassen. Mit einem mittelgroßen Krapfenstecher Scheiben ausschneiden. Eine feuerfeste Form gut ausfetten, zuerst die Breireste hineingeben, mit etwas Käse bestreuen, darüber schuppenartig die Grießscheiben verteilen. Mit dem restlichen Käse bestreuen und mit Butterflöckchen belegen. Die Nockerl im vorgeheizten Rohr bei 200 °C in ca. 10 Minuten goldbraun überbacken.

Mehlnockerl mit Backpulver

Foto

Böhmen

100 g Butter	
3 Eier	
Salz	
⅛ l Milch	
400 g Mehl	
1 TL Backpulver	
2 l Salzwasser zum Kochen	
2 EL Semmelbrösel	

40 g Butter schaumig rühren. Abwechselnd nach und nach die Eier, Salz, Milch und das gesiebte, mit Backpulver vermischte Mehl dazugeben. Den Teig so lange kräftig abschlagen, bis er Blasen wirft. Mit Hilfe von zwei Löffeln nicht zu große Nockerl abstechen und im siedenden Salzwasser, das aber nicht sprudeln darf, 10 Minuten garziehen lassen. Inzwischen die restliche Butter erhitzen, darin die Semmelbrösel leicht anbräunen und die abgeseihten Nockerl damit übergießen. Heiß mit Kompott servieren.

Geschlagene Nockerl mit Ei

Batschka

1 guter EL Butter oder Schmalz
3–4 Eier
1 Messerspitze Salz
5–6 eischwer Wasser
400–500 g Mehl
Salzwasser zum Kochen
60 g Schweineschmalz
3–4 Eier
Pfeffer

Die Butter bzw. das Schmalz schaumig rühren. Die Eier dazuschlagen, mit Salz, Wasser und Mehl zu einem leichten Nockerlteig arbeiten. Mit dem Kochlöffel so lange abschlagen, bis sich der Teig vom Schüsselrand löst und Blasen wirft. Mit Hilfe von zwei Löffeln kleine Nockerl abstechen und im siedenden Salzwasser, das aber nicht sprudeln darf, 10 Minuten garziehen lassen. Wenn die Nockerl aufsteigen, noch einige Minuten ziehen lassen. Abseihen und zum Abtropfen in ein Sieb schütten. Das Schmalz erhitzen, die Nockerl dazugeben, die Eier dazuschlagen, etwas pfeffern, gut umrühren und bei geschlossenem Deckel stocken lassen. Mit grünem Salat servieren.

VARIANTE

Geschlagene Nockerl mit Käse: Die im Fett erhitzten Nokkerl (statt der Eier) mit 150–200 g geriebenem Schafkäse oder Liptauer und mit 3 EL dickem, saurem Rahm vermischen.

Dukatennockerl

Wien

20 g Hefe
4 EL lauwarme Milch
1 TL Zucker
40 g Butter
5 Eigelb
1 Prise Salz
4 EL Milch
400 g Mehl
50 g Rosinen
150 g geschälte, gemahlene Mandeln
1 TL Puderzucker
Butter für die Form und zum Bestreichen
Puderzucker zum Bestäuben
Konfitüre zum Servieren

In einer Tasse die Hefe in der gezuckerten Milch auflösen. Die Butter mit den Eigelben in einer Schüssel schaumig rühren. Die aufgelöste Hefe, Salz, die weitere Milch und das Mehl dazugeben. Gut abschlagen, bis sich der Teig vom Schüsselrand löst. Mit einem Tuch abdecken und an einem warmen Ort aufgehen lassen. Inzwischen Rosinen, Mandeln und Puderzucker mischen. Den Hefeteig noch einmal abarbeiten, dann auf dem Nudelbrett gut fingerdick ausdrükken. Mit einem kleinen Pogatscherlstecher runde Formen ausstechen und diese reihenweise eng in die gut ausgebutterte Gugelhupfform setzen. Gut mit zerlassener Butter bestreichen und mit der Rosinenmischung bestreuen. So fortfahren, bis die gesamten Zutaten verbraucht und die Form knapp ¾ voll ist. Mit Butter bepinseln, 30 Minuten gehen lassen und im vorgeheizten Rohr bei 180°C ca. 45 Minuten backen. Stürzen, mit Puderzucker bestäuben und mit heißer, flüssiggerührter Konfitüre servieren.

KNÖDEL

Erdäpfelknödel

Gesamter Südosten

1 kg am Vortag gekochte
Kartoffeln (mehligkochende)
2 altbackene Semmeln
30 g Schweineschmalz
3 Eier, 1 TL Grieß
6 EL zerlassene Butter, Salz
Salzwasser zum Kochen

Die Kartoffeln pellen und
durchpressen. Die Semmeln
würfelig schneiden und im heißen Schmalz rösten. Mit der
Kartoffelmasse, den Eiern,
Grieß, der Butter und Salz zu-
sammenmischen. Aus dem
Teig längliche, größere Knödel
formen. In siedendes Salzwasser einlegen und in ca. 15 Minuten garziehen lassen. Das
Wasser darf nicht sprudeln, da
die Knödel sonst leicht zerfallen. Mit einem Schaumlöffel
herausheben, auf eine vorgewärmte Platte legen, in Scheiben schneiden und zu Braten
reichen.

HINWEIS

Reste können in Butter angebraten und mit einem verquirlten Ei übergossen werden. Mit
Salat oder Kompott sind sie
eine leichte Mahlzeit.

Grießknödel I

Österreich

100 g Butter
2 Eigelb
2 Eier
Salz
180 g Grieß
1 EL kaltes Wasser
Salzwasser zum Kochen
braune Butter zum Begießen
geriebener Käse zum
Bestreuen

Die Butter schaumig rühren.
Einzeln die Eigelbe, die ganzen Eier, Salz, Grieß und das
Wasser dazugeben. Den Teig
zugedeckt ca. 2 Stunden quellen lassen. Knödel formen, in
siedendes Salzwasser einlegen und ca. 30 Minuten garziehen lassen. Das Wasser darf
nicht sprudeln, da die Knödel
sonst zerfallen. Mit einem
Schaumlöffel herausheben
und auf einer vorgewärmten
Platte anrichten. Mit Butter
begießen und mit Käse be-
streuen.

Grießknödel II

Österreich

500 g Grieß
1 l leichtes Salzwasser zum
Kochen
1 gehäufter EL Butter
2 Eier, getrennt
Salz
3 EL Mehl
Salzwasser zum Kochen
reichlich in Fett geröstete
Semmelbrösel
dicker, saurer Rahm zum
Begießen

Das Salzwasser zum Kochen
bringen. Den Grieß unter Rühren einstreuen und zu einem
dicken Brei kochen. Auskühlen lassen. Die Butter, Eigelbe, Salz und Mehl untermengen. Zuletzt den steifgeschlagenen Eischnee unterheben.
Auf dem Nudelbrett kleinere
Knödel (ähnlich wie Zwetschgenknödel) formen, in siedendes Salzwasser einlegen und
ca. 20 Minuten garziehen lassen. Mit einem Schaumlöffel
herausnehmen und auf eine
vorgewärmte Platte legen. Mit
den Semmelbröseln bestreu-
en und mit Sauerrahm be-
gießen.

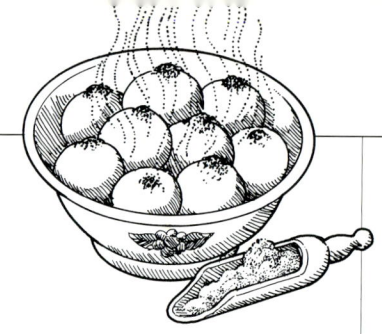

Grießknödel in der Serviette

Wien

2 altbackene Semmeln
75 g Butter
¾ l Milch
300 g Grieß
2 Eier
Salz
Muskat
2 l Salzwasser zum Kochen

Serviettenknödel garen

Die Semmeln würfeln und in 50 g Butter goldgelb rösten. Die Milch mit der restlichen Butter aufkochen, den Grieß schnell hineinrühren. 3 Minuten unter weiterem ständigem Rühren kochen lassen. Von der Herdstelle ziehen, erkalten lassen. Nacheinander die Eier und die gerösteten Semmelwürfel dazugeben, mit Salz und Muskat abschmecken. Die Hände bemehlen und aus dem Teig eine Rolle formen.

Diese in eine feuchte Serviette einbinden und, über einen Kochlöffel gebunden, in das siedende Salzwasser, es soll nicht sprudeln, hängen. Der Topf wird mit einer passenden Schüssel, einem Deckel oder anderen Topf abgedeckt. Nach ca. 45 Minuten den Grießknödel herausnehmen und abtropfen lassen. Aus der Serviette nehmen, in Scheiben schneiden und mit Kompott servieren.

Germknödel mit Zwetschgenmus

Böhmen

750 g Mehl
¼ l lauwarme Milch
20 g Germ (Hefe)
50 g Zucker
50 g flüssige Butter
1 Prise Salz
1 Eigelb
Zwetschgenmus zum Füllen
Milch für die Kasserolle
feingemahlener Mohn und
Puderzucker zum Bestreuen
heiße Butter zum Bespritzen

Das Mehl in eine Schüssel sieben und in die Mitte eine Vertiefung drücken. Von der Milch 3–4 EL abnehmen, in einer Tasse die Hefe mit 2 TL Zucker darin auflösen und in die Mehlmulde schütten. Mit etwas Mehl bestreuen und die Schüssel mit einem Tuch abdecken. Das Dampfl an einem warmen Ort aufgehen lassen, es soll ca. das doppelte Volumen erreichen. Die restliche Milch, Zucker, Butter, Salz und Eigelb zugeben und gut abschlagen, bis sich der Teig vom Schüsselrand löst. Erneut zugedeckt aufgehen lassen, bis der Teig wieder etwa das doppelte Volumen erreicht hat. Noch einmal durchkneten, auf ein bemehltes Brett stürzen und dick auswalken. In gleichmäßig große Stücke schneiden, je zwei mit Zwetschgenmus zusammensetzen und zu Knödeln formen. Nochmals zugedeckt aufgehen lassen. Eine Kasserolle ca. 1 cm hoch mit heißer Milch füllen, die Knödel locker hineinsetzen, abdecken und im vorgeheizten Rohr bei 200 °C ca. 35 Minuten backen. Mit gezuckertem Mohn bestreuen und mit der heißen Butter besprützen.
Die Knödel können auch in siedendem Salzwasser gegart werden. Sie müssen dann aber sofort serviert werden.

VARIANTE Foto

Zwetschgenknödel: Statt Zwetschgenmus die Knödel mit 1 entsteinten Zwetschge zusammensetzen.

Germknödel

Schlesien

375 g Mehl	
⅛ l lauwarme Milch	
20 g Germ (Hefe)	
1 TL Zucker	
1 Ei	
Salz	
Muskat	
50 g Margarine oder Butter	
Zucker zum Bestreuen	

Mehl, Milch, Hefe und Zucker miteinander verrühren, diesen Vorteig an einem warmen Ort zugedeckt aufgehen lassen. Ei, Salz, Muskat und Margarine bzw. Butter zufügen und kräftig abschlagen, bis der Teig Blasen wirft und sich vom Schüsselrand löst. Noch einmal für 1 Stunde an einem warmen Ort aufgehen lassen. Den Teig auf ein bemehltes Brett stürzen, tennisballgroße Knödel daraus formen und wieder zugedeckt aufgehen lassen. Einen entsprechend großen Topf zu einem Viertel mit Wasser füllen, kurz aufkochen lassen, die Knödel hineinsetzen und in knapp ¼ Stunde garziehen lassen. Herausheben, auf eine vorgewärmte Platte legen und leicht mit Zucker bestreuen. Mit Kompott servieren.

Serviettenknödel aus Germteig

Wien

500 g Mehl	
20 g Germ (Hefe)	
50 g Zucker	
etwas lauwarme Milch	
50 g flüssige Butter	
3 Eier	
½ TL Salz	
Butter zum Bestreichen	
braune Butter zum Begießen	
3 EL Semmelbrösel in Butter geröstet und etwas	
Zimt-Zucker zum Bestreuen	

Füllung

50 g Semmelbrösel	
100 g Butter	
150 g Zucker	
50 g Rosinen	
100 g geschälte, gemahlene Mandeln	
etwas Zimt	

Das Mehl in eine Schüssel sieben, in die Mitte eine Vertiefung drücken. In einer Tasse die Hefe mit 2 TL Zucker in der lauwarmen Milch auflösen und in die Mehlmulde schütten. Mit etwas Mehl bestreuen, die Schüssel mit einem Tuch abdecken und das Dampfl an einem warmen Ort aufgehen lassen. Den restlichen Zucker, Butter, Eier und Salz zugeben und gut abschlagen, bis sich der Teig vom Schüsselrand löst. Er soll eher fest als zu weich sein. Erneut zugedeckt aufgehen lassen, bis der Teig etwa das doppelte Volumen erreicht hat. Inzwischen für die Füllung die Semmelbrösel in Butter hell anrösten, mit Zucker, Rosinen, Mandeln und Zimt vermischen, dann auskühlen lassen.

Den Teig noch einmal durchkneten und auf einem bemehlten Brett ca. 50 × 50 cm groß auswalken. Die Füllung gleichmäßig darauf verteilen, dann den Teig zusammenrollen und immer wieder mit Butter bestreichen, damit er in den Windungen nicht zusammenklebt. Die Teigrolle lose in eine bemehlte Serviette einbinden. In einem breiten Topf Wasser zum Kochen bringen, die zugebundene Serviette an zwei Kochlöffeln hineinhängen und den Knödel ca. 60 Minuten garziehen lassen. Zum Abtropfen auf ein großes Sieb legen. Die Serviette lösen und den Knödel auf eine vorgewärmte Platte stürzen. Mit brauner Butter begießen und mit Semmelbröseln und Zimt-Zucker bestreuen. Mit einem scharfen Sägemesser in schöne Scheiben schneiden.

Speckknödel

Wien

120 g fetter Räucherspeck
2 altbackene Semmeln
3 Eier
2 EL lauwarme Milch
Salz
2 EL Grieß
100 g mehligkochende,
gekochte und durchgepreßte
Kartoffeln
Salzwasser zum Kochen
geröstete Semmelbrösel

Den Speck und die Semmeln
in Würfel schneiden. Den
Speck glasig auslassen, und
darin die Semmelwürfel hellbraun mitrösten. Auskühlen
lassen, in eine Schüssel geben. Die Eier hineinschlagen,
Milch, Salz, Grieß und die Kartoffeln dazurühren. Mit bemehlten Händen Knödel formen und in siedendes
Salzwasser einlegen. Wenn sie
aufgestiegen sind, noch ca.
15 Minuten ziehen lassen. Mit
einem Sieb herausheben und
kurz abtropfen lassen. In einer
vorgewärmten Schüssel an-
richten und mit gerösteten
Semmelbröseln bestreuen.
Mit Essigzwetschgen servieren.

Tiroler Speckknödel I

Südtirol

125 g durchwachsener
Räucherspeck
125 g gekochtes, mageres
Rauchfleisch
8 altbackene Semmeln
3 Eier, getrennt
50 g Mehl, 1 Prise Muskat
Salz, 6 EL Milch
1 Prise Pfeffer
Semmelbrösel bei Bedarf
Salzwasser zum Kochen

Den Speck in kleine Würfel
schneiden und gut ausbraten.
Die Grieben herausnehmen.
Die Semmeln kleinwürfelig
schneiden und in dem Auslaßfett hellgelb anrösten. Die
Grieben wieder dazugeben
und auskühlen lassen. Mit
dem feingeschnittenen Rauchfleisch, den Eigelben, Mehl,
Muskat, Salz, Milch und Pfeffer gut vermengen. Zuletzt den
steifgeschlagenen Eischnee
unterheben. Evtl. mit Semmelbröseln etwas binden. Den
Teig 15 Minuten ruhen lassen,
dann mit bemehlten Händen
Knödel formen und in siedendes Salzwasser einlegen.
Wenn sie aufgestiegen sind,
noch ca. 15 Minuten garziehen
lassen. Mit dem Schaumlöffel
herausheben und in einer vorgewärmten Schüssel anrichten. Sauerkraut dazu servieren.

Tiroler Speckknödel II

Südtirol

10 altbackene Semmeln
50 g Butter
1 mittelgroße Zwiebel
200 g Mehl
⅜ l Milch
2 Eier
1 EL gehackte Petersilie
200 g gekochter, durch-
wachsener Räucherspeck
2 l Salzwasser zum Kochen

Die Semmeln in feine Würfel
schneiden. Die Butter erhitzen
und die feingeschnittene Zwiebel darin anschwitzen. Die
Semmelwürfel dazugeben und
gut anrösten. Dabei öfter umrühren, damit sich alles gleichmäßig verteilt. Inzwischen aus
dem Mehl, Milch, Eiern, Salz
und Petersilie einen weichen
Teig zubereiten. Die Semmelwürfel und den feingewürfel-
ten Speck dazugeben und gut
verkneten. Mit befeuchteten
Händen tennisballgroße Knödel formen, in siedendes,
nicht sprudelndes Salzwasser
einlegen und 15 Minuten garziehen lassen. Mit einem
Schaumlöffel herausheben.
Servieren als Einlage in
Fleischsuppe oder zu Sauerkraut und Rippen.

Knödel mit Speck und Birnensoße

Böhmen

Birnensoße
250 g getrocknete Birnen-
schnitze, eingeweicht
75 g Zucker, 1 Stange Zimt
10 g Speisestärke

250 g Kartoffelknödelmehl
3 EL geröstete Semmelwürfel
1 EL gehackter Schnittlauch
2 l Salzwasser zum Kochen
100 g Butter
2 EL Semmelbrösel
250 g gekochter, durch-
wachsener Räucherspeck

Die Birnenschnitze mit Zucker
und Zimtstange in dem Ein-
weichwasser weich kochen. Die
Speisestärke mit 1 EL kaltem
Wasser anrühren. Die Zimtstange herausfischen, die Birnen
mit der Speisestärke binden.
Das Knödelmehl nach Vor-
schrift anrühren und quellen
lassen. Gleichmäßige Knödel
formen, dabei in die Mitte geröstete Semmelwürfel und
Schnittlauch geben. Die Knödel in siedendem Salzwasser
10 Minuten garziehen lassen.
Die Butter erhitzen, die Semmelbrösel darin anrösten und
über die abgeseihten Knödel
gießen. Den Speck in Scheiben
schneiden und mit der Birnen-
soße zu den Knödeln servieren.

Schinkenknödel

Batschka

5 altbackene Semmeln
¼ l heiße Milch, 1 TL Butter
2 feingehackte Zwiebeln
250 g gekochter, feingehackter
Schinken, 3 Eier, Pfeffer
1 TL feingehackte Petersilie
Salz
Salzwasser zum Kochen
heiße Butter zum Begießen
geriebener Käse zum
Bestreuen

Die Semmeln in dünne Scheiben schneiden, mit der Milch
übergießen und 10 Minuten
ziehen lassen. Die Butter erhitzen und die Zwiebeln darin anbraten. Den Schinken dazugeben und kurz mitbraten. In die
Semmelmasse Eier, Pfeffer,
Petersilie, Salz und die inzwischen etwas ausgekühlte
Schinkenmasse rühren. Mit
Hilfe von zwei in heißes Wasser getauchten Eßlöffeln längliche Knödel formen, in siedendes Salzwasser einlegen
und ca. 10 Minuten garziehen
lassen. Erscheint der Teig etwas zu weich, gibt man vorher
noch 1 EL Mehl dazu. Die
Schinkenknödel mit einem
Schaumlöffel aus dem Wasser
heben und in einer vorge-
wärmten Schüssel anrichten.
Mit heißer Butter begießen
und mit Reibkäse bestreuen.

Marienbader Früchteknödel
Foto

Mähren

80 g Butter
3 Eigelb
1 Ei
1 kg am Vortag in der Schale
gekochte Kartoffeln
(mehligkochende)
Salz
1 TL Backpulver
ca. 250 g Mehl
500 g Zwetschgen, Marillen
oder Kirschen
2 l Salzwasser zum Kochen
100 g Butter
100 g Semmelbrösel
Zimtzucker oder Puderzucker
nach Belieben

Die Butter schaumig rühren.
Nach und nach die Eigelbe und
das ganze Ei dazurühren, anschließend die gepellten,
durchgepreßten Kartoffeln sowie das gesiebte und mit Backpulver gemischte Mehl. Den
Teig auf einem Brett gut abarbeiten. Nach Bedarf noch etwas
Mehl zugeben, er soll aber nicht
zu fest sein. Auf dem gut bemehlten Brett 1 cm dick auswalken und in etwa 5 × 5 cm große
Quadrate schneiden. Jeweils in
die Mitte eine entsteinte Frucht
legen und mit bemehlten Händen aus jedem Quadrat runde
Knödel formen. Auf dem sorgfältig bemehlten Brett ½ Stun-

de ruhen lassen. In siedendes Salzwasser, das nicht sprudeln darf, einlegen und 8 Minuten garziehen lassen. Die Knödel müssen alle aufsteigen. Inzwischen die 100 g Butter erhitzen und die Semmelbrösel darin leicht anbräunen. Die Knödel mit einem Sieb aus dem Wasser heben und in einer vorgewärmten, tieferen Schüssel anrichten. Mit den Bröseln begießen. Nach Belieben mit Zimtzucker bestreuen oder mit Puderzucker bestäuben.

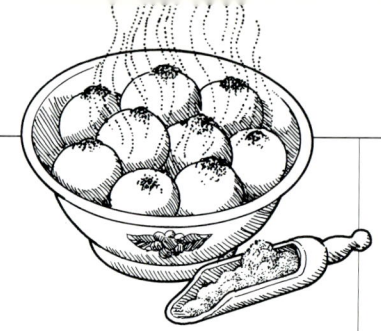

Apfelknödel

Ungarn

500 g säuerliche, feste Äpfel
50 g gemahlene Mandeln
abgeriebene Schale von
½ unbehandelter Zitrone
2 Eigelb
1 Ei
100 g Zucker
1 Prise Salz
12 EL Milch
50 g zerlassene Butter
50 g Semmelbrösel
2 l leicht gezuckertes und ge-
salzenes Wasser zum Kochen
Zucker zum Bestreuen

Die Äpfel in kleine Würfel
schneiden. Zusammen mit allen anderen Zutaten in einer
Schüssel gut vermengen. Aus
der Masse schöne, runde Knödel formen, evtl. noch etwas
Semmelbrösel dazugeben. In
siedendes Wasser, das nicht
sprudeln darf, einlegen und
10 Minuten garziehen lassen.
Die Knödel mit einem
Schaumlöffel aus dem Wasser
heben und auf einer vorgewärmten Platte anrichten. Mit
heißem Weinschaum servie-
ren.

Besondere Zwetschgenknödel

Budapest, jüdisch, Siebenbürgen

4 Eier
8 in der Schale gekochte
Kartoffeln (mehligkochende)
1 EL Gänseschmalz oder
1½ EL Butter
1 Prise Salz, 300 g Mehl
400 g Zwetschgen
2 l Salzwasser zum Kochen
50 g Gänseschmalz oder Butter
50 g Semmelbrösel
Puderzucker zum Bestäuben

Die Eier in einer Schüssel aufschlagen. Die kalten, gepellten und durchgepreßten Kartoffeln dazugeben, ebenso
Schmalz oder Butter, das Salz
und das Mehl. Den Teig mit
dem Kochlöffel gut abschlagen, er soll geschmeidig sein.
Mit bemehlten Händen gleichmäßige Knödel formen und in
jeden in die Mitte 1 entsteinte
Zwetschge drücken. In siedendes Wasser einlegen und
10 Minuten garziehen lassen.
Inzwischen Schmalz bzw. Butter erhitzen und die Semmelbrösel darin goldgelb rösten.
Die Knödel mit einem
Schaumlöffel aus dem Wasser
heben und auf einer vorgewärmten Platte anrichten. Mit
den Bröseln bestreuen und
mit Puderzucker bestäuben.

Zwetschgenknödel

Österreich, Ungarn, Banat, Batschka, Kroatien

1 kg in der Schale gekochte
Kartoffeln (mehligkochende)
1 Prise Salz
3 Eigelb, Mehl nach Bedarf
ca. 750 g gleichmäßig große,
entsteinte Zwetschgen
Salzwasser zum Kochen
150 g Butter
ca. 100 g Semmelbrösel
dicker, saurer Rahm
Zucker zum Bestreuen

Die Kartoffeln pellen, durchpressen. Mit Salz, den Eigelben
und Mehl zu einem nicht zu festen Teig zusammenkneten.
Auf einem Brett auswalken, dabei die Unterseite immer wieder bemehlen. In 5 × 5 cm
große Quadrate schneiden,
in die Mitte jeweils 1 Zwetschge legen. Aus jedem Quadrat einen Knödel formen, dabei die
Ränder gut schließen. In siedendes Salzwasser einlegen
und ca. 10 Minuten garziehen
lassen. Inzwischen die Butter
erhitzen und die Semmelbrösel
darin goldbraun rösten. Die
Knödel mit einem Schaumlöffel aus dem Wasser heben, abtropfen lassen und auf eine vorgewärmte Platte legen. Die
Brösel darüberstreuen. Evtl.
mit saurem Rahm übergießen
und mit Zucker bestreuen.

VARIANTE

<u>Marillenknödel:</u> Statt der Zwetschgen die Knödel mit Aprikosen füllen. Ca. 800 g nicht zu große Aprikosen (= Marillen) mit kochendem Wasser überbrühen, häuten und entsteinen. In jede Aprikose 1 Stück Würfelzucker geben, auf die Teigquadrate legen und fortfahren wie oben.

Topfenknödel

Wien

500 g trockener Topfen (Quark)
4 Eier
100–120 g Semmelbrösel, Salz
100 g Butter
Zucker zum Bestreuen
evtl. braune Butter

Den Quark mit den Eiern, Semmelbröseln und Salz gut zu einem geschmeidigen Teig vermengen. Die Butter in einem schweren Topf zerlassen. Mit Hilfe von zwei Eßlöffeln vom Teig große, längliche Knödel abstechen und schön nebeneinander in das Fett setzen. Zudecken und bei ganz geringer Hitze ca. 1 Stunde backen. Auf dem Elektroherd genügen maximal 70–80 °C, da die Knödel sonst zu braun werden. Nur mit Zucker oder mit Zucker, vermischt mit brauner Butter, servieren.

Topfenknödel mit Rahm

Wien

1 Ei, getrennt
1 eischwer Schmer (Flomen), fein geschabter
oder gutes Schmalz
500 g trockener Topfen (Quark)
4 EL Mehl
Salz
ca. 100 g Semmelbrösel
Salzwasser zum Kochen
in Butter geröstete Semmelbrösel und süßer Rahm nach Belieben

Das Eigelb mit Schmer bzw. Schmalz gut verrühren. Topfen und Mehl hinzufügen, salzen und glattrühren. Den steifgeschlagenen Eischnee und so viel Semmelbrösel unterheben, daß man aus dem Teig Knödel formen kann. In siedendes Salzwasser einlegen und bei geringer Hitze 5 bis 10 Minuten garziehen lassen. Mit einem Schaumlöffel herausheben und auf einer vorgewärmten Platte anrichten. Mit den gerösteten Bröseln bestreuen und mit Rahm übergießen.

Süße Topfenknödel

Wien

60 g Butter
70 g Zucker
3 Eier
500 g trockener Topfen (Quark) oder Schichtkäse
150 g Grieß
½ Päckchen Backpulver
50 g Semmelbrösel
100 g Rosinen
etwas Salz
abgeriebene Schale von
½ unbehandelter Zitrone
Salzwasser zum Kochen
braune Butter

Die Butter schaumig rühren. Mit Zucker, Eiern und Topfen vermengen. Den Grieß, mit Backpulver vermengt, die Semmelbrösel, Rosinen, Salz und Zitronenschale dazugeben und zu einem Teig verarbeiten. Sollte er zu feucht sein, mit etwas Semmelbröseln binden. Mit feuchten Händen kleine Knödel formen. In siedendes Salzwasser einlegen und bei geringer Hitze 10 Minuten garziehen lassen. Die Knödel mit einem Schaumlöffel herausheben und in einer vorgewärmten Schüssel anrichten. Mit brauner Butter begießen. Pfirsichkompott dazu servieren.

Quarkknödel aus der Kaiserzeit

Wien

2 gehäufte EL Butter
500 g trockener Topfen (Quark)
4 Eier, etwas Salz
1 EL Zucker
1 Päckchen Vanillinzucker
2 EL Semmelbrösel
100 g Grieß
Salzwasser zum Kochen
Butter zum Übergießen

Die handwarme Butter schaumig rühren. Den Quark dazurühren, dann einzeln die Eier, anschließend Salz, Zucker mit Vanillinzucker, Semmelbrösel und Grieß. Die gut vermengte Masse ca. 30 Minuten quellen lassen. Aus dem Teig mit bemehlten Händen nicht zu große Knödel formen. In siedendes Salzwasser einlegen und bei geringer Hitze ca. 15 Minuten garziehen lassen. Mit einem Seiher herausheben und auf einer vorgewärmten Platte anrichten. Mit der braunen Butter übergießen. Dazu paßt Fruchtsoße aus Erdbeeren oder Himbeeren oder Orangensirup mit zerdrückten Bananen, evtl. auch Kompott.

Ungarische Topfenknödel

Budapest

Foto

600 g trockener Topfen (Quark)
5 Eier, getrennt
etwas Salz
3 EL Mehl
80 g Semmelbrösel
Salzwasser zum Kochen
Rahm und in Butter geröstete Semmelbrösel nach Belieben

Den Topfen mit den Eigelben, Salz und Mehl glattrühren. Die Semmelbrösel dazurühren, zuletzt den steifgeschlagenen Eischnee unterheben. Mit bemehlten Händen kleine Knödel formen. In siedendes Salzwasser einlegen und bei geringer Hitze ca. 15 Minuten garziehen lassen. Die Knödelchen mit dem Seiher herausheben und auf einer vorgewärmten Platte anrichten. Mit Rahm begießen und mit den Bröseln bestreuen. Statt der Brösel kann auch feingehackter Schinken verwendet werden. Hierzu paßt Feldsalat.

TOPFENNUDELN

Topfennudeln aus Mühlhausen

Elsaß

560 g trockener Topfen (Quark)
3 Eier
etwas Salz
500 g Mehl
Fett zum Ausbacken

Aus dem Topfen, den Eiern, Salz und Mehl einen glatten Teig zubereiten. Evtl. mit etwas Semmelbröseln binden. Daumendicke, fingerlange Nudeln formen und in heißem Fett von beiden Seiten gelb ausbacken.

Gebackene Topfennudeln

Foto

Batschka

1 kg trockener Topfen (Quark)
1 EL Butter
2 Eier
2 EL dicker, saurer Rahm
Salz
100 g Mehl
Schmalz zum Ausbacken

Aus den angegebenen Zutaten einen nicht zu festen Teig zubereiten und gut durcharbeiten. Fingerlange Nudeln formen und in reichlich heißem Schmalz hellgelb ausbacken.

Gekochte Topfennudeln mit Hefe

Banat

560 g trockener Topfen (Quark)
¼ l lauwarme Milch
30 g Hefe
1 Prise Zucker
560 g Mehl
3 Eier
Salz
Salzwasser zum Kochen
Schmalz zum Anbraten

Den Topfen in eine Schüssel geben. Von der Milch 3–4 EL abnehmen und darin in einer Tasse die Hefe mit dem Zukker auflösen. Zusammen mit der restlichen Milch, dem Mehl, den Eiern und dem Salz zum Topfen geben und alles zu einem starken Teig arbeiten. Die Schüssel mit einem Tuch abdecken und den Teig aufgehen lassen, er soll etwa das Doppelte seines Volumens bekommen. Aus dem Teig auf einem bemehlten Brett fingerlange, daumendikke Nudeln formen und nochmal mit einem Tuch bedeckt aufgehen lassen. Die Nudeln in siedendes Salzwasser einlegen und 10 Minuten garziehen lassen. Mit einem Sieb herausheben und gut abtropfen lassen. Auf der unteren Seite im heißen Schmalz anbraten und sofort servieren.

VARIANTE

Gebackene Topfennudeln mit Hefe: Die geformten und aufgegangenen Nudeln nicht ins Salzwasser geben, sondern »roh« in reichlich Schmalz rundum goldgelb ausbacken.

Topfenwürstchen

Sudeten

ca. 300 g Mehl
250 g trockener Topfen (Quark)
20 g Hefe
1 Prise Zucker
⅛ – ¼ l lauwarme Milch
1 Ei
1 Eigelb
1 Prise Salz
3 EL dicker, saurer Rahm
etwas abgeriebene Schale von unbehandelter Zitrone
50 g Rosinen
Fett zum Ausbacken
Puderzucker zum Bestäuben

Das Mehl in eine Schüssel geben und in die Mitte eine Vertiefung drücken. Von der Milch 3–4 EL abnehmen und darin in einer Tasse die Hefe mit dem Zucker auflösen, anschließend in die Mehlmulde schütten. Mit etwas Mehl bestreuen, die Schüssel mit einem Tuch abdecken und das Dampfl an einem warmen Ort aufgehen lassen. Es soll das Doppelte seines Volumens erreichen. Anschließend die restliche Milch, Ei und Eigelb, Salz, Sauerrahm, Zitronenschale und Rosinen dazugeben und alles zusammen so lange abschlagen, bis sich der Teig vom Schüsselrand löst. Erneut zugedeckt aufgehen lassen. Den Teig noch einmal durchkneten und auf einem bemehlten Brett dick auswalken. Fingerdicke Nudeln ähnlich wie Schupfnudeln formen. Wieder mit einem Tuch bedeckt aufgehen lassen, anschließend im heißen Fett ausbacken. Mit Puderzucker bestäubt servieren.

Topfenpogatscherl

Österreich   Foto Seite 50

250 g trockener Topfen (Quark)
250 g handwarme Butter
250 g Mehl
1 Ei
1 Prise Salz
etwas Milch
1 Eigelb
1 EL dicker, saurer Rahm
Fett für das Backblech

Den Topfen mit der Butter, Mehl, dem Ei, Salz und Milch gut miteinander verarbeiten. Auf einem bemehlten Brett daumendick auswalken und mit einem Messer an der

Oberfläche kleinwürfelig einritzen. Das Eigelb mit dem Sauerrahm verrühren und die Teigoberfläche damit bestreichen. Mit einem Krapfenstecher ausstechen, dabei den Ausstecher immer wieder in Mehl tauchen. 1 Stunde ruhen lassen. Die Pogatscherl auf ein gefettetes Backblech setzen und im vorgeheizten Rohr bei 180 °C in ca. 30 Minuten goldgelb backen.

Steirer Nudeln

Österreich

| 300 g Mehl |
| 5 Eigelb |
| 1 Prise Salz |
| 300 g trockener Topfen (Quark) |
| Salzwasser zum Kochen |
| Butter und Semmelbrösel für die Form |
| 100 g zerlassene Butter |
| 4 EL Puderzucker |
| 6 EL dicker, saurer Rahm |
| Zucker und etwas Vanillinzucker zum Bestreuen |

Das Mehl auf ein Nudelbrett sieben und in die Mitte eine Vertiefung drücken. 2 Eigelbe mit dem Salz verrühren und 5 Minuten stehen lassen. Anschließend in die Vertiefung gießen und nach und nach zusammen mit dem Topfen in das Mehl einarbeiten. Nun mit beiden Händen in ca. 15 Minuten zu einem glatten Teig arbeiten. Evtl. noch etwas Mehl oder Wasser dazugeben. Den Teig in 4 gleichgroße Laibe teilen, diese einzeln rund formen und 30 Minuten unter einem Topf ruhen lassen. Aus den Laiben auf einem bemehlten Brett ca. 2 mm dicke »Flecke« auswalken und in fingerbreite, ca. 6 cm lange Nudeln schneiden. Mit den Händen etwas auflockern und 30 Minuten ruhen lassen. In siedendem Salzwasser, es darf nicht sprudeln, ca. 7 Minuten kochen. Abseihen und abtropfen lassen. Eine feuerfeste Form buttern und mit Semmelbröseln ausstreuen. Die zerlassene Butter in der Form verteilen und die Nudeln vorsichtig einschichten. Die restlichen 3 Eigelbe mit Puderzucker und saurem Rahm verrühren und über die Nudeln gießen. Im vorgeheizten Rohr bei 175 °C ca. 25 Minuten überbacken. Mit dem Zucker bestreut servieren.

Topfen-Polsterzipfel

Banat

| 150 g trockener Topfen (Quark) |
| 150 g Mehl |
| 100 g weiche Butter |
| 1 TL Zucker |
| etwas Konfitüre oder eingeweckte Kirschen |
| Ei zum Bestreichen |
| Fett für das Backblech |

Den Topfen mit dem Mehl, der Butter und dem Zucker gut zusammenkneten. Den Teig auf einem bemehlten Brett auswalken und in gleichmäßige Quadrate schneiden. In die Mitte jedes Quadrats etwas Konfitüre oder Kirschen geben, diagonal zusammenlegen und die Ränder etwas andrücken. Mit verquirltem Ei bestreichen und auf ein gefettetes Backblech setzen. Im vorgeheizten Rohr bei 180 °C in ca. 30 Minuten goldgelb backen.

Strudel

Der Strudel kam vermutlich aus dem Orient. Wir haben ihn angenommen und bringen ihn, je nach Geschmack und Gelegenheit, entweder süß oder salzig und heiß auf den Tisch. Für die gesamte ehemalige Donaumonarchie galt es als Sakrileg, Strudel kalt mit Sahne und Kaffee zu servieren. Er war in unserer alten Heimat und ist auch heute ein Hauptgericht, vor dem man oft eine nicht allzu üppige Suppe reicht. Heiß und frisch serviert, ist der Strudel auch ein beliebter Abschluß eines geselligen Freundschaftstreffens.

Die Zubereitung erfordert Geduld und etwas Geschick. Der Teig soll elastisch, aber nicht klebrig weich sein. Mütter und Großmütter haben die Herstellung des Teiges, das hauchdünne Ausziehen auf einem bemehlten Brett oder Tisch-

tuch, sowie die weitere Verwendung über Generationen hinweg an die Töchter der Familie weitergegeben. Wichtig ist, daß der Teig nach dem Ausziehen so dünn sein soll, daß man darunter die Maserung des Holzbrettes erkennen und sogar die Zeitung lesen kann. Bevor ein Mädchen in Ungarn das nicht richtig gelernt hatte, durfte es der Überlieferung nach nicht heiraten.

Heute kann man in Delikateßgeschäften, im Südosten auf jedem Markt, guten, fertigen, im Verhältnis aber teuren Strudelteig kaufen. Jeder Österreicher, Ungar und Südostdeutsche wird aber dem selbstgemachten Teig den Vorzug geben!

Strudelteig kann übrigens nach der Zubereitung eingefroren und nach dem Auftauen wie frischer Teig verwendet werden.

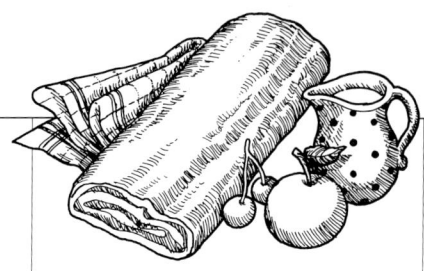

GRUNDREZEPT

Strudelteig

Donauschwäbisch

350 g trockenes Mehl
1 Ei
1 Prise Salz
⅛ l lauwarmes Wasser
1 EL geschmacksneutrales Öl

Ungarisch

600 g trockenes Mehl
1 Ei
1 Prise Salz
2 EL Wasser
1 EL Essig
1 EL zerlassenes, lauwarmes Schmalz

Wienerisch

250 g trockenes Mehl
1 Ei
1 Prise Salz
etwas kaltes Wasser
1 TL weiche Butter

Das Mehl in eine Schüssel sieben und in die Mitte eine Vertiefung drücken. Alle anderen Zutaten in die Mehlmulde geben, darin verrühren und rasch zu einem weichen Teig verarbeiten. Den Teig auf einem Brett so lange abschlagen, bis er weder am Brett noch an den Händen klebt. 2–4 Laibchen formen und bis zu 1 Stunde ruhen lassen. Die Donauschwaben und Ungarn legen ihn dazu unter einen vorgewärmten Topf oder eine Schüssel, die Wiener bedecken in oft lieber mit einem feuchten Tuch. Danach wird der Teig auf einem bemehlten Brett oder auf einem bemehlten Tischtuch bis über die Kanten des Tisches durchsichtig (= hauchdünn) ausgezogen. Dabei wird sehr sorgfältig mit dem Handrücken und auch mit der flachen Hand gearbeitet. Der nicht mehr ausziehbare, etwas dickere Rand wird abgeschnitten (evtl. mit 1 Ei verarbeiten und als Suppeneinlage verwenden). Der ausgezogene Strudelteig wird je nach Rezept gefüllt und mit Hilfe des Tischtuches leicht schubsend locker zusammengerollt.

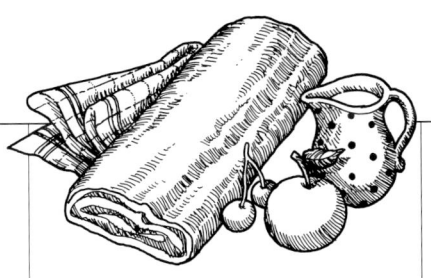

Wiener Rahmstrudel mit Vanillesoße

1 Grundrezept Strudelteig
wienerisch (siehe links)
Butter zum Bestreichen

Füllung
5 Eier, getrennt
140 g Zucker
2 EL dicker, saurer Rahm
4 EL in Butter hellgelb geröstete Semmelbrösel
80 g gemahlene Mandeln
80 g Rosinen und Weinbeeren,
gemischt

Vanillesoße
½ l Vollmilch
1 Vanilleschote
5 Eigelb
1 EL Mehl
150 g Zucker

Die Eigelbe mit dem Zucker
schaumig rühren. Rahm, Semmelbrösel, Mandeln, Rosinen
und Weinbeeren dazugeben.
Zuletzt die zu steifem Schnee
geschlagenen Eiweiß unterheben. Die Füllung auf dem ausgezogenen, mit Butter bestri-
chenen Strudelteig verteilen
und locker zusammenrollen.
Im vorgeheizten Rohr bei
180 °C in ca. 45 Minuten hellgelb backen.
Inzwischen für die Soße die
Milch mit der aufgeschlitzten
Vanilleschote ca. 10 Minuten
kochen; vorsichtig, damit die
Milch nicht überläuft. Eigelbe,
Mehl und Zucker gut verrühren, nach und nach die kochende Milch dazugeben.
Noch einmal erhitzen, aber
nicht mehr kochen. Vanilleschote herausnehmen. Die
Soße zum Strudel servieren.

Rahmstrudel

Batschka

1 Grundrezept Strudelteig
donauschwäbisch (siehe links)
Butter zum Bestreichen
Puderzucker zum Bestäuben

Füllung
4 Eigelb
70 g Zucker
40 g feine Semmelbrösel
2 EL dicker, saurer Rahm
3 Eiweiß
70 g Rosinen

Die Eigelbe mit dem Zucker
schaumig rühren. Brösel,
Rahm und die zu steifem
Schnee geschlagenen Eiweiß
unterheben. Auf den ausgezogenen Strudelteig verteilen
und die Rosinen darüberstreu-
en. Den Strudel locker aufrol-
len und mit Butter bestreichen. Im vorgeheizten Rohr
bei 180 °C in ca. 45 Minuten
hellgelb backen. Mit Puderzuk-
ker bestäubt servieren.

Wiener Apfelstrudel

1 Grundrezept Strudelteig
wienerisch (siehe links)
Butter zum Bestreichen
Puderzucker zum Bestäuben

Füllung
15 mittelgroße Äpfel
7–8 EL in Butter geröstete
Semmelbrösel
ca. 70 g Weinbeeren oder
Rosinen
ca. 70 g feingehackte Mandeln
Zucker nach Belieben
etwas Zimt
etwas abgeriebene Schale von
unbehandelter Zitrone

Die Äpfel schälen, entkernen
und raffeln. Mit Semmelbröseln, Weinbeeren bzw. Rosinen, Mandeln, Zucker, Zimt
und Zitronenschale vermi-
schen.
Den ausgezogenen Strudelteig
mit Butter bestreichen, die
Füllung darauf verteilen, lok-
ker zusammenrollen und wieder mit Butter bestreichen. Im
vorgeheizten Rohr bei 180 °C
in ca. 45 Minuten goldgelb
backen. Mit Puderzucker bestäubt servieren.

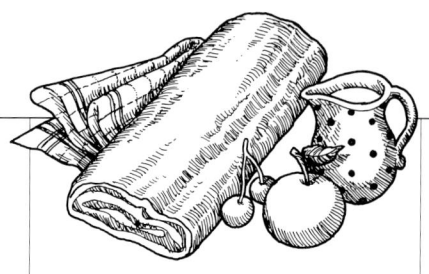

Kirschstrudel

Wien

1 Grundrezept Strudelteig
donauschwäbisch (Seite 72)
Butter zum Bestreichen

Füllung

1 kg entsteinte Kirschen oder
Weichseln
Zucker nach Belieben

Die Kirschen bzw. Weichseln
entsteinen und auf dem ausgezogenen Strudelteig verteilen.
Gut zuckern und locker zusammenrollen. Den Strudel mit
Butter bestreichen. Im vorgeheizten Rohr bei 180 °C ca.
45 Minuten backen.

Krautstrudel

Foto
Seite 70

Ungarn

1 Grundrezept Strudelteig
ungarisch (Seite 72)
Schmalz zum Bestreichen

Füllung

1 großer Kopf Weißkraut
50 g Schweineschmalz
Salz
1 EL Zucker
Pfeffer
2–3 EL Weißwein

Das Kraut putzen, waschen
und fein schneiden. In dem
heißen Schmalz mit Salz, Zukker und Pfeffer weich dünsten.
Nach und nach den Weißwein
dazugeben.
Den ausgezogenen Strudelteig
mit Schmalz bestreichen, die
ausgekühlte Füllung darauf
verteilen, locker zusammenrollen und im vorgeheizten Rohr
bei 180 °C ca. 45 Minuten bakken.

Burek mit Topfen

Bosnien

500 g trockener Topfen (Quark)
2 TL Salz
100 g Oliven- oder
geschmacksneutrales Öl für
die Form und zum Bestreichen
500 g fertig gekaufter,
trockener Strudelteig

Den Topfen salzen und mit
der Gabel zerdrücken.
Eine runde Backform gut mit
Öl ausfetten. 3 Teigblätter hineinlegen und mit Öl bestreichen. Einen Teil des Topfens
gleichmäßig darauf verteilen,
mit Teigblättern abdecken
und so abwechselnd weiterverfahren, bis die Zutaten verbraucht sind. Die letzte
Schicht ist Teig. Diese wieder
einölen und im vorgeheizten
Rohr bei 200 °C ca. 30 Minuten backen.

Burek mit Fleisch

Foto
rechts

Bosnien

500 g Schweinehackfleisch
1 kleingehackte Zwiebel
2–3 EL Oliven- oder
geschmacksneutrales Öl zum
Anbraten, für die Form und
zum Bestreichen
Salz
1 TL frisch gemahlener Pfeffer
1 TL Edelsüßpaprika
500 g fertig gekaufter,
trockener Strudelteig

Hackfleisch und Zwiebel kurz
in etwas Öl anbraten, salzen,
pfeffern, Paprika dazugeben
und ein wenig schmoren. Eine
runde Backform mit Öl ausfetten. 3 Teigblätter hineinlegen,
gleichmäßig mit einem Teil
der Fleischmasse bestreichen,
mit 3 Teigblättern abdecken
und so abwechselnd weiterverfahren, bis die Zutaten verbraucht sind. Die letzte
Schicht ist Teig. Diese einölen
und die Form im vorgeheizten
Rohr bei 200 °C ca. 30 Minuten backen.
Im Ursprungsland wird Burek
bevorzugt mit Lamm- oder
Rindfleisch zubereitet. Unse-
rem Geschmack entspricht in
der Regel Schweinefleisch
mehr.

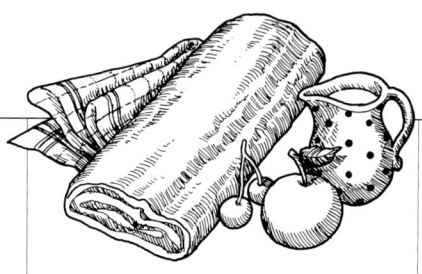

Topfenstrudel

Altes Rezept

1 Grundrezept Strudelteig
wienerisch (Seite 72)
Butter zum Bestreichen
saurer Rahm zum Besprengen
Puderzucker zum Bestäuben

Füllung
500 g trockener Topfen (Quark)
1 EL handwarme Butter
⅛ l dicker, saurer Rahm
2 Eier
3 EL Zucker
etwas Zimt
1 Prise Salz
50 g Weinbeeren

Den Topfen mit der Butter,
dem Rahm, Eiern, Zucker,
Zimt, Salz und Weinbeeren
verrühren. Den ausgezogenen
Strudelteig mit Butter bestreichen und mit Sauerrahm besprengen, darauf die Füllung
verteilen. Den Strudel locker
zusammenrollen und im vorgeheizten Rohr bei 180 °C ca.
45 Minuten backen. Noch
warm mit Puderzucker bestäuben und bald servieren.

Schichtstrudel

Türkisch, aus Bosnien

Füllung
150 g Grieß
50 g Butter
150 g gemahlene Nüsse
75 g Zucker

100 g Butter für das Backblech
fertig gekaufter Strudelteig

75 g Zucker
3 EL Wasser

Den Grieß in der Butter hellgelb rösten. Die Nüsse mit
dem Zucker gut einmengen.
Das Backblech mit der Butter
dick ausfetten. Abwechselnd
in 4–5 Schichten Strudelteig
und Nußmasse darauf verteilen. Die oberste Schicht besteht aus Teig. Im vorgeheizten Rohr bei 200 °C ca. 35 Minuten backen.
Inzwischen den Zucker mit
dem Wasser kochen lassen,
bis er anfängt zu »spinnen«
(Fäden zu ziehen), und auf
den bereits hellgelb gebackenen Strudel gießen, in ca.
10 Minuten fertigbacken. Erst
am nächsten Tag in gleichmäßige Vierecke schneiden.
Reicht man vorher eine Gu-
laschsuppe, hat man eine
komplette Mahlzeit.

Schokoladenstrudel

Ungarn   Foto Seite 70

1 Grundrezept Strudelteig
donauschwäbisch oder
wienerisch (Seite 72)
Butter zum Bestreichen
Puderzucker und geriebene
Schokolade zum Bestreuen

Füllung
5 Eier, getrennt
100 g Zucker
150 g geriebene Schokolade
100 g feingestoßene Mandeln

Die Eigelbe mit dem Zucker
schaumig rühren. Die zu steifem Schnee geschlagenen Eiweiß unterheben. Den ausgezogenen Strudelteig mit Butter bestreichen. Darauf die Füllung verteilen (einen kleinen
Teil zurückbehalten), mit Schokolade und Mandeln bestreu-
en und locker zusammenrollen. Den Strudel nun außen
mit der restlichen Füllung bestreichen und im vorgeheizten
Rohr bei 180 °C ca. 45 Minuten backen. Mit Puderzucker
und Schokolade bestreut servieren.

Gibanica I

Kroatien

Grundrezept Strudelteig
donauschwäbisch (Seite 72)
mit geänderten Zutaten und
Mengen:
500 g trockenes Mehl
1–2 Eier
1 Prise Salz
etwas Milch
1 EL Schmer oder gutes
Schmalz

Füllung

750 g trockener Topfen (Quark)
2 EL Semmelbrösel
1 EL Zucker
2 EL Rosinen
2 EL dicker, saurer Rahm
2 Eier
1 EL gutes Schmalz

Gutes Schmalz zum
Bestreichen
Puderzucker zum Bestäuben

Aus den angegebenen Zutaten rasch einen nicht zu weichen Teig arbeiten. 4 Laibchen formen, bis zu 1 Stunde ruhen lassen und danach ausziehen und trocknen lassen. Jede Teigplatte sollte der Größe des Backblechs entsprechen.
Während der Ruhezeit die Füllung zubereiten. Quark und Semmelbrösel verrühren, mit den übrigen Zutaten gut vermengen. Die Eier vorher verquirlen, das Schmalz flüssig machen und auskühlen lassen.
1 Teigplatte passend auf das gut ausgefettete Backblech legen. Gleichmäßig mit etwa ⅓ der Füllung bestreichen. Abwechselnd so weiterverfahren, bis die Zutaten verbraucht sind. Obenauf liegt die letzte Teigplatte. Diese gut mit flüssigem Schmalz bestreichen und die Gibanica im vorgeheizten Rohr bei 180 °C ca. 40 Minuten hellgelb backen. In gleichmäßig längliche Stücke schneiden, reichlich mit Puderzucker bestäuben und noch warm servieren. Dieses Gericht ist eine ausgezeichnete, kroatische Spezialität.

Gibanica II

Serbisch

6 Eier
500 g trockener Topfen (Quark)
¼ l Milch
¼ l saurer Rahm
1 TL Salz
50 g Butter oder Öl für die
Tepsi (Bratreine) und zum
Bestreichen
500 g fertig gekaufter
Strudelteig

Die Eier verklöppeln, dann mit dem Quark, Milch, saurem Rahm und Salz vermischen. Butter bzw. Öl in die Bratreine geben. Den Teig Blatt für Blatt (1 Teigblatt zur Seite legen) gut in der Quarkmasse wenden, anschließend jeweils locker zu Bällchen formen und nebeneinander in die Bratreine setzen. Das verbliebene Teigblatt obenauf legen, mit Butter bestreichen und die Gibanica im vorgeheizten Rohr bei 190 °C 30 Minuten hellgelb backen. Evtl. auf die untere Schiene setzen, bevor sie zu dunkel wird. Sie kann auch abgedeckt werden, aber Vorsicht, das Gericht geht während des Backens auf.

Palatschinken, Omeletts und Schmarrn

Palatschinken und Omeletts sind nahe Verwandte. Sie sind einfach und schnell zubereitet und sättigen, ohne dick zu machen. Ein Sprichwort in der Batschka lautet: »Nicht, was in den Mund hineingeht, sondern nur das, was herauskommt, ist Sünde.« Voraussetzung für die bei alt und jung beliebten Speisen ist, daß sie frisch vom Herd auf den Teller kommen.

Pro Person rechnet man im Schnitt 2 Eier. Hier sollte nicht gespart werden. Etwas mehr Ei macht den Teig lockerer und spart Fett beim Ausbacken. Die Füllungen und Beigaben sind in den Rezepten enthalten. Sie entstammen der russischen, türkischen, ungarischen, rumänischen und bulgarischen Küche.

PALATSCHINKEN

GRUNDREZEPT
Palatschinken

150 g Mehl
1 Prise Salz
4 Eier
¼ l Milch
geschmacksneutrales Öl oder
Backfett

Das Mehl in eine Schüssel sieben. Mit dem Salz vermengen und nach und nach abwechselnd mit den verquirlten Eiern und der Milch zu einem nicht zu dünnflüssigen Teig verrühren. Diesen gut 15 Minuten quellen lassen. In einer schweren Pfanne 1 TL Öl oder Backfett erhitzen, knapp einen Soßenlöffel voll Teig einfüllen und gleichmäßig dünn verlaufen lassen. Die Pfannkuchen schnell von beiden Seiten hellgelb backen. Die angegebene Menge reicht für 10–12 Stück.

HINWEIS

Die Palatschinken werden je nach Rezept oder auch nur mit Konfitüre gefüllt bzw. bestrichen, zusammengerollt oder zusammengeklappt und mit Puderzucker bestäubt.

Um einen schnellen, warmen Imbiß herzustellen, ist es ratsam, Palatschinken auf Vorrat zu backen. Gestapelt und in Frischhaltefolie eingewickelt, halten sie sich im Kühlschrank bis zu drei Tagen. Man füllt die kalten Pfannkuchen wie üblich mit den gewünschten Füllungen, rollt sie zusammen, legt sie reihweise in eine gebutterte, feuerfeste Schüssel, begießt sie mit 3–4 Eßlöffeln ungeschlagener, süßer Sahne und erhitzt sie im vorgeheizten Rohr bei 150 °C etwa eine halbe Stunde; sie sollen nur aufquellen. Mit Puderzucker bestreut, sind sie ein schnelles Gericht für unvorhergesehene Gäste und Gelegenheiten.
Oder die kalten Pfannkuchen werden in Streifen (Nudeln) geschnitten und ergeben eine köstliche Einlage für klare Fleischsuppen.

Rutsch-Palatschinken

Budapest

70 g Butter
70 g Zucker
7 Eier, getrennt
70 g Mehl
3½ EL Milch
1 Prise Salz
Butter zum Ausbacken
reichlich Zucker, mit etwas
Vanillinzucker und
abgeriebener Zitronenschale
vermischt, zum Bestreuen

Die Butter mit dem Zucker
und den Eigelben cremig rühren. Das Mehl einarbeiten, zuletzt die zu steifem Schnee geschlagenen Eiweiß unterheben. Mit Milch verdünnen und
das Salz untermengen. In einer Pfanne 1 TL Butter erhitzen, einen knappen Soßenlöffel voll Teig einfüllen, von
einer Seite hellbraun backen
und danach auf eine Platte rut-
schen lassen. Mit der Zuckermischung bestreuen. So alle
Palatschinken backen, jeweils
aufeinander gleiten lassen
und bestreuen. Aufschneiden
wie eine Torte.

Palatschinken mit Weinchaudeau

Batschka

500 g Mehl
1 Prise Salz
4 Eier
2 EL Zucker
1 l Milch
geschmacksneutrales Öl oder
Backfett
Aprikosenkonfitüre zum Füllen

Weinchaudeau

6 Eigelb
175 g Zucker
½ l guter Weißwein

Das Mehl in eine Schüssel sieben. Mit dem Salz vermengen
und nach und nach abwech-
selnd mit den verquirlten Eiern, dem Zucker und der
Milch zu einem nicht zu dünnflüssigen Teig verrühren. Diesen 30 Minuten quellen lassen. In einer schweren Pfanne
1 TL Öl oder Backfett erhitzen,
knapp einen Soßenlöffel voll
Teig gleichmäßig darin verteilen und die Pfannkuchen
schnell von beiden Seiten hellgelb backen. Die angegebene
Menge reicht für 22–24 Stück.
Jeweils mit Konfitüre füllen,
zusammenrollen und neben-
einander auf eine vorgewärmte Platte legen.
Für den Weinchaudeau die Eigelbe mit dem Zucker schau-

mig rühren. Den Wein zum Kochen bringen, vom Herd nehmen und die Eigelbmasse
langsam einrühren. Auf dem
Herd so lange abschlagen, bis
die Masse steigt (sie darf
nicht kochen), dann sofort
vom Herd nehmen. Über die
Palatschinken gießen und sofort servieren.

Creme-Palatschinken

Batschka

1 Grundrezept Palatschinken
(siehe links)

Cremefüllung

4 Eier, getrennt
100 g Zucker
1 Päckchen Vanillinzucker
4 EL Mehl
½ l kochende Milch

Die frisch zubereiteten Palatschinken möglichst warm halten.
Für die Füllung die Eigelbe
mit Zucker, Vanillinzucker und
Mehl gut verrühren. Langsam
in die kochende Milch eingießen und unter Rühren dick
werden lassen. Von der Herdstelle nehmen und die zu steifem Schnee geschlagenen Eiweiß untermischen. Je 1 EL
heiße Creme auf die Pala-
tschinken geben, zusammenrollen und sofort servieren.

SCHMARRN

Kaiserschmarrn

Österreich

½ l Milch

250 g Mehl

4 Eier, getrennt

1 Prise Salz

Butter oder Butterschmalz
zum Ausbacken

Puderzucker und etwas
Vanillinzucker oder Zimt
zum Bestäuben

Die Milch mit dem Mehl unter
Rühren zu einem dicken Brei
kochen. Nach dem Erkalten
die Eigelbe und das Salz unterrühren, ebenso die zu steifem Schnee geschlagenen Eiweiß. Den Teig gut abschlagen.
In einer Pfanne Butter bzw.
Butterschmalz erhitzen
und den Teig in zwei
Portionen backen. Je-
weils zuerst zudecken
und nach dem Wen-
den mit der Gabel
zerreißen. Puder-
zucker mit Vanillin-
zucker oder Zimt mi-
schen und den goldgelb
gebackenen Schmarrn
damit bestäuben.

Kaiserschmarrn-Rarität   Foto

Wien

140 g Butter

1 Prise Salz

etwas abgeriebene
Zitronenschale

6 Eier, getrennt

120 g Zucker

100 g geschälte, gemahlene
Mandeln

150 g Mehl

¼ l Milch

60 g Butter zum Backen

Puderzucker zum Bestäuben

Die Butter schaumig rühren.
Mit Salz, Zitronenschale, den
Eigelben, (nach und nach)
Zucker, Mandeln, Mehl und
Milch zu einem leichtflüssigen
Teig verarbeiten. Eiweiß zu
steifem Schnee schlagen und
vorsichtig unterheben. Die
Butter auf ein Backblech geben und im vorgeheizten Rohr
bei 180 °C auflösen, aber
nicht braun werden lassen.
Den Teig eingießen und in ca.
45 Minuten goldgelb backen.
Mit zwei Gabeln zerreißen und
auf eine vorgewärmte Platte
gleiten lassen. Mit Puderzuk-
ker bestäuben und heiß servieren. Nach Belieben kann Kompott dazu gereicht werden.

Wiener Kaiserschmarrn

150 g griffiges Mehl

1 Messerspitze Salz

1 EL Puderzucker

3 Eier, getrennt

⅛ l Milch

1 TL Puderzucker für den
Eischnee

nach Belieben 50 g in Rum
eingeweichte Rosinen

50–60 g Butter zum Ausbacken

Puderzucker zum Bestäuben

Das Mehl in eine Schüssel sieben und zusammen mit dem
Salz, Puderzucker, den Eigelben und der Milch mit dem
Schneebesen zu einem leichtflüssigen Teig verarbeiten. Diesen 10 Minuten ruhen lassen.
Das Eiweiß sehr steif schlagen, zwischendurch den Teelöffel Puderzucker dazugeben.
Den Eischnee vorsichtig unter
den Teig heben. In einer Ome-
lettpfanne 40 g Butter erhitzen, den Teig hineingeben
und darauf evtl. die in Rum
eingeweichten Rosinen verteilen. Zudecken und auf einer
Seite goldgelb backen. Wenden, mit der Gabel zerreißen
und fertigbacken, dabei die
restliche Butter zugeben. Mit
Puderzucker bestäuben und
heiß servieren.

Ischler Schmarrn

Österreich

250 g Mehl
6 Eier, getrennt
½ l Milch
90 g Butter
100 g geschälte, gemahlene
Mandeln
30 g Butter zum Ausbacken
Puderzucker zum Bestäuben
Johannisbeerkonfitüre zum
Servieren

Das Mehl sieben und mit den
Eigelben und der Milch langsam glattrühren. Die flüssige,
aber nicht heiße Butter, die
Mandeln und die zu steifem
Schnee geschlagenen Eiweiß
dazugeben. Die Butter in einer
großen Pfanne erhitzen, die
Teigmasse hineingießen und
zugedeckt anbacken. Wenden,
mit der Gabel zerreißen und
ebenfalls zugedeckt fertigbak-
ken. Mit Puderzucker bestäuben und mit der heißen Konfitüre servieren.

Topfenschmarrn

Kroatien

500 g trockener Topfen
(Quark) oder abgetropfter
Schichtkäse
5 Eier, getrennt
2 EL dicker, saurer Rahm
1 Prise Salz
4 EL Mehl
50 g Rosinen nach Belieben
50 g Butter zum Ausbacken
Puderzucker zum Bestäuben

Den Topfen bzw. Schichtkäse
mit den Eigelben gut verrühren. Den sauren Rahm, Salz
und das Mehl – dieses am besten langsam durch ein feines
Sieb – dazugeben. Zuletzt die
zu steifem Schnee geschlagenen Eiweiß vorsichtig unterheben, evtl. auch die Rosinen.
Die Butter in einer Pfanne erhitzen, die Topfenmasse hineingießen und zugedeckt anbacken. Wenden, mit der
Gabel zerreißen und ebenfalls
zugedeckt fertigbacken. Mit
Puderzucker bestäubt servieren.

Kirschenschmarrn

Österreich   Foto Seite 78

8 Eier, getrennt
8 EL Zucker
2½ EL flüssiger, süßer Rahm
1 EL dicker, saurer Rahm
350 g Mehl
500 g entsteinte, frische oder
eingeweckte Kirschen
50 g Butter für die Form
Puderzucker zum Bestäuben

Die Eigelbe mit dem Zucker
schaumig rühren. Süßen und
sauren Rahm, langsam das gesiebte Mehl und zuletzt die zu
steifem Schnee geschlagenen
Eiweiß unterheben. Die entsteinten, gut abgetropften Kirschen vorsichtig einmengen.
Eine Backform gut mit Butter
einfetten, den Teig einfüllen
und im vorgeheizten Rohr bei
175 °C ca. 30 Minuten backen.
Mit der Gabel zerreißen und,
mit Puderzucker bestäubt, servieren.

Apfelschmarrn

Ungarn

250 g Mehl
4 Eier, getrennt
1 Prise Salz
20 g Zucker
1 Päckchen Vanillinzucker
½ l Milch
6 große, gebratene, passierte Äpfel
70 g Butter
Zimtzucker zum Bestreuen

Aus dem Mehl, Eigelb, Salz, Zucker, Vanillinzucker und Milch einen glatten Pfannkuchenteig rühren. Die Äpfel hineingeben und zuletzt vorsichtig die zu steifem Schnee geschlagenen Eiweiß unterziehen. In einer größeren Pfanne die Butter erhitzen, den Teig hineingießen, zudecken und bei schwacher Hitze steigen lassen. Nach etwa 10–15 Minuten, wenn der Boden hellgelb ist, mit einer Backschaufel wenden, in Stücke stoßen, wieder zudecken und weiterbakken. Diesen Vorgang noch zweimal wiederholen. Den Schmarrn auf einer Platte servieren und dick mit Zimtzucker bestreuen.

Grießschmarrn

Rarität aus Ungarn

150 g Gries
600 ml süßer Rahm
6 Eier, getrennt
1 Prise Salz
120 g Butter
100 g Rosinen
Puderzucker zum Bestreuen

Den Grieß mit der Sahne übergießen und 2 Stunden quellen lassen. Anschließend die Eigelbe einzeln dazurühren, dann das Salz zugeben und die zu steifem Schnee geschlagenen Eiweiß unterziehen. In einem höheren Topf die Butter erhitzen, den Brei hineingeben und ständig rühren bei nicht großer Hitze, bis sich die Masse wie ein großer Kloß vom Boden löst. Nun das Ganze in das auf 190 °C vorgeheizte Rohr schieben und den Schmarrn backen. Zwischendurch immer wieder mit zwei Gabeln in Stücke zerreißen (Vorsicht, dabei verbrennt man sich leicht die Finger!). Nach gut 30 Minuten dem goldgelb gebackenen Schmarrn die Rosinen zufügen und einige Minuten durchziehen lassen. Auf einer Platte servieren und mit reichlich Puderzucker bestäuben.

Holzhackerschmarrn

Burgenland

250 g Mehl
5 Eier
375 ml Milch
4 Eßlöffel süßer Rahm
1 Prise Salz
120 g geriebener Emmentaler
60 g Butter

Aus Mehl, Eiern, Milch, Sahne und Salz mit dem Schneebesen einen glatten Pfannkuchenteig rühren, dann erst den Käse zufügen. In einer Pfanne die Butter erhitzen, den Teig hineingießen, Deckel auflegen und steigen lassen. Nach etwa 10 Minuten mit der Backschaufel wenden, in größere Stücke stoßen, zudecken und eine Weile weiterbacken, wieder wenden und nun den Schmarrn schön hellgelb fertigbacken. Auf einer Platte servieren, dazu einen pikant abgeschmeckten Tomatensalat, ersatzweise grünen Salat reichen.

Aufläufe, Puddings und »Süße Traditionen«

In der österreichisch-ungarischen Küche haben *Aufläufe* – dort »Koch« genannt – immer schon eine bedeutende Rolle gespielt. Die Vielfalt der Rezepte zeugt davon. Kaum jemand kann sich dem Genuß der frisch zubereiteten Speise entziehen. Sie ergibt mit einer zuvor gereichten Suppe ein komplettes, bei der ganzen Familie beliebtes Mittagessen. Ein lockerer Auflauf verlangt in der Regel, daß das Eiweiß sehr steif geschlagen und leicht untergehoben wird. Die feuerfeste Form oder das tiefere Backblech soll gut ausgebuttert und bei vielen Rezepten mit Semmelbröseln bestreut werden. Das Gericht wird in das vorgeheizte Rohr geschoben und nach beendeter Backzeit sofort serviert, da es beim Abkühlen etwas zusammenfällt.

Der selbst zubereitete *Pudding* erfordert etwas Zeit, ist aber eine köstliche Delikatesse, der reinste Verführer zum Schlemmen! Auch hierfür wird das Eiweiß möglichst steif geschlagen und leicht untergehoben. Wichtig ist die alte Puddingform mit gut verschließbarem Deckel. Er muß ebenso wie die Form immer gut ausgebuttert werden, damit die Speise oben nicht anklebt und sich der Deckel nach dem Garen leicht öffnen läßt. Meistens wird die Form ausgebröselt, dann der Teig ca. drei Viertel voll eingefüllt. Als Faustregel gilt, daß die Form eine Handbreit unter dem Rand frei bleiben soll, da der Pudding beim Garen aufgeht. Die Form wird in das kochende Wasserbad gestellt (vorher nach Möglichkeit auf den Topfboden einen Rost legen, damit das heiße Wasser die Form auch von unten umgeben kann.) Das Wasser darf nur bis auf 3–4 cm an den oberen Rand der Puddingform heranreichen. Wasser, das während der Garzeit verdunstet, wird nachgefüllt.

Im Prinzip kann der Pudding auch im Wasserbad im Rohr gegart werden. Dieses ist auf 200 °C vorzuheizen. Das Wasser wird auf dem Herd zum Kochen gebracht, der Pudding wie angegeben hineingesetzt und dann im Rohr fertiggestellt.
Der Deckel der Form wird geöffnet, der Dampf kann abziehen. Aber Vorsicht, der Pudding fällt bei Kälte oder Zugluft schneller und endgültiger zusammen als der Auflauf! Deshalb sollte er evtl. neben der warmen Herdplatte abdampfen können. Der Rand wird vorsichtig mit einem geeigneten Messer gelöst, der Pudding vorsichtig und mit Gefühl auf eine vorgewärmte Platte gestürzt und sofort serviert.

Viele Rezepte der *»süßen Gastronomie«*, die seit eh und je in Österreich und den angrenzenden Ländern Königin ist, haben türkischen Ursprung. Es ist unbestreitbar, daß die Orientalen den ihnen unterworfenen Völkern Lebensstil übermittelten und Eßkultur beibrachten, insbesondere mit lukullischen Leckereien. Das wirkte sich beherrschend auf die gesamte mitteleuropäische Kochkunst aus.

Ein Rätsel bleibt, wann und warum man begann, Süßspeisen als Abschluß einer Mahlzeit zu servieren. Diese Sitte könnte ebenfalls aus dem Orient stammen, wo sich vielleicht Haremsdamen nach dem Essen die Zeit mit Näschereien vertrieben. Und ist es nicht schön, wenn wir heute nach einem gemeinsamen Essen noch eine Zeitlang nett plaudernd, zum Beispiel bei dünn ausgebackenen Palatschinken oder lockeren Salzburger Nockerln, zusammensitzen? Jeder ist zufrieden und satt, genießt die Gespräche und schlürft dabei vielleicht seinen Mokka. Diese Zeit bringt die eigentliche Entspannung, auch für die Hausfrau, die zuerst das Essen zubereitet und danach die Augen immer offen gehalten hat, damit »nur ja keiner hungrig vom Tisch aufsteht«. Das Zusammengehörigkeitsgefühl innerhalb der Familie oder unter Freunden wird auf diese Weise gestärkt, neue Kräfte werden gesammelt.

Semmelkoch

Böhmen

5 altbackene Semmeln
½ l Milch
60 g Butter
100 g Zucker
5 Eier, getrennt
50 g gemahlene Mandeln
1 Tropfen Bittermandelöl
Butter für die Form

Die Semmeln feinblättrig schneiden, mit der Milch übergießen und darin aufweichen lassen. In einer schweren Pfanne 20 g Butter erhitzen, die ausgedrückten Semmeln hineingeben und unter Rühren etwas trocknen lassen. Die Masse soll dick und musartig sein. Die übrige Butter gut schaumig rühren, Zucker, Eigelb, Mandeln und Bittermandelöl dazugeben, ebenso die Semmeln und alles gut vermischen. Zuletzt die zu steifem Schnee geschlagenen Eiweiß unterheben. Eine feuerfeste Form gut ausbuttern, die Semmelmasse einfüllen und im vorgeheizten Rohr bei 180 °C in ca. 45 Minuten goldgelb backen. Mit Himbeergelee servieren.

Feiner Apfelauflauf

Österreich

2 EL Butter
3 EL Zucker
5 Eier, getrennt
6 EL Mehl
50 g gemahlene Mandeln
etwas abgeriebene Zitronenschale
6 Kochäpfel, am besten Boskop
Butter für die Form
Puderzucker zum Bestäuben

Die Butter schaumig rühren, nach und nach den Zucker und die Eigelbe dazugeben. Mehl, Mandeln, Zitronenschale und die geschälten, feingeriebenen Äpfel untermengen. Zuletzt die zu steifem Schnee geschlagenen Eiweiß unterheben. Eine feuerfeste Form gut ausbuttern, und die Masse einfüllen. Den Auflauf im vorgeheizten Rohr bei 180 °C in ca. 35 Minuten goldgelb backen. Mit Puderzucker bestäubt servieren.

Scheiterhaufen mit Äpfeln

Im ganzen Land

6–8 altbackene Semmeln
4 Eier
70 g Zucker
1 Päckchen Vanillinzucker
1 Prise Salz
½ l Milch
abgeriebene Schale von ½ unbehandelten Zitrone
Butter für die Form
100 g Rosinen
6 mittelgroße, feingeschnittene Äpfel
50 g Butter
Puderzucker zum Bestäuben

Die Semmeln in gleichmäßig dünne Scheiben schneiden. Die Eier mit Zucker, Vanillinzucker, Salz, Milch und Zitronenschale gut verrühren. Eine längliche oder runde Auflaufform ausbuttern, die Hälfte der Semmelscheiben schön gleichmäßig hineinordnen, mit der Hälfte der Eiermilch begießen und mit den Rosinen bestreuen. Darüber die Äpfel verteilen und mit den restlichen Semmelscheiben bedecken. Die verbliebene Eiermilch darübergießen und die ganze Oberfläche gleichmäßig mit Butterflöckchen belegen. Im vorgeheizten Rohr bei 180 °C in knapp 45 Minuten hellgelb backen. Mit Puderzucker bestäuben.

Kipferlauflauf

Budapest

10 altbackene Kipferl oder
Semmeln, ¾ l Milch

6 Eier, getrennt

180 g Puderzucker

½ Vanilleschote

50 g Rosinen

Fett und Semmelbrösel
für die Form

20 g Puderzucker zum
Bestäuben

100 g Johannisbeerkonfitüre

Die Kipferl bzw. Semmeln in
dünne Scheiben schneiden
und in der Milch einweichen.
Die Eigelbe mit dem Puderzuk-
ker schaumig rühren. Die Vanilleschote aufschlitzen, das
Mark ausschaben und dazugeben. Die eingeweichten Kipferl zufügen und alles gut
vermengen. Zuletzt die zu
steifem Schnee geschlagenen
Eiweiß und die Rosinen unterheben. Eine Auflaufform gut
ausfetten, leicht mit Bröseln
bestreuen und die Masse einfüllen. Im vorgeheizten Rohr
bei 180 °C ca. 45 Minuten bakken. Danach stürzen und die
gestürzte Form mit einem nassen, kalten Tuch bedecken, damit sich der Auflauf leichter
löst. Den Auflauf mit dem Puderzucker bestäuben und mit
der heißen, flüssige Konfitüre
übergießen.

Kipferlkoch
Foto

Österreich

6–8 altbackene Kipferl,
sog. Hörnchen

½ l Milch

60 g Butter

4 Eier, getrennt

60 g Zucker

1 Päckchen Vanillinzucker

etwas abgeriebene
Zitronenschale

50 g Rosinen

50 g gesiebte Semmelbrösel

Butter und Semmelbrösel für
die Form

Die Kipferl in dünne Scheiben
schneiden und mit der Milch
übergießen. Die Butter schaumig rühren, nach und nach
die Eigelbe, Zucker, Vanillinzucker, Zitronenschale, Rosinen und Semmelbrösel dazugeben. Diese Schaummasse
über die eingeweichten Kip-
ferlscheiben gießen und unterheben, die Scheiben sollen
nicht zerfallen. Zuletzt die zu

steifem Schnee geschlagenen
Eiweiß unterheben. Eine feuerfeste Form gut ausbuttern und
mit Semmelbröseln ausstreu-
en. Die Semmelmasse einfüllen und im vorgeheizten Rohr
bei 175–180 °C ca. 30 Minuten
backen.

Mit frischen Früchten je nach
Jahreszeit, beliebigen Kom-
pottfrüchten oder heißen Himbeeren servieren. Auch eine
einfache Vanillesoße, warm
oder kalt serviert, wird gern dazu gegeben.

Schichtauflauf mit Konfitüre

Österreich

½ l Milch
130 g Butter
140 Mehl
6 Eier, getrennt
70 g Zucker
etwas abgeriebene Zitronenschale
Butter für die Form
Aprikosen- oder Sauerkirschenkonfitüre zum Füllen
Puderzucker zum Bestäuben

Die Milch mit der Butter aufkochen lassen. Schnell das Mehl dazugeben, von der Herdstelle ziehen und glatt und kalt rühren. Einzeln die Eigelbe, dann den Zucker und die Zitronenschale unterrühren, zuletzt die zu steifem Schnee geschlagenen Eiweiß unterheben. Eine feuerfeste Form gut ausbuttern, ⅓ der Masse einfüllen, mit der Konfitüre bestreichen, das zweite Drittel darüber verteilen, wieder mit Konfitüre bestreichen und mit der restlichen Masse bedecken. Im vorgeheizten Rohr bei 180 °C ca. 35 Minuten backen. Mit Puderzucker bestäubt servieren.

VARIANTE

Statt mit Konfitüre kann der Auflauf auch mit eingeweckten, gut abgetropften Erdbeeren (heute verwendet man natürlich besser TK-Früchte) gefüllt werden, was besonders gut schmeckt.

Heidelbeerauflauf

Banat

250 g Mehl
½ l Milch
1 Prise Salz
1 EL Zucker
3 Eier
Butter für die Form
400 g gewaschene, abgetropfte Heidelbeeren
2 EL Zucker zum Bestreuen
Puderzucker zum Bestäuben

Das Mehl in eine Schüssel sieben. Nach und nach mit der Milch, dem Salz, Zucker und den Eiern zu einem glatten Teig rühren. Eine feuerfeste Form gut ausbuttern, die Masse einfüllen und darauf gleichmäßig die Heidelbeeren verteilen. Mit Zucker überstreuen. Im vorgeheizten Rohr bei 180 °C in ca. 35 Minuten hellgelb backen. Mit Puderzucker bestäubt servieren.

Grießauflauf

Banat

1¼ l Milch
3 EL Zucker
100 g Butter
1 Prise Salz
250 g Grieß
4 Eier, getrennt
Butter für die Form
Karlsbader Oblaten oder Waffelplatten
eingeweckte, abgetropfte Früchte
Puderzucker zum Bestäuben

Die Milch erhitzen. Zucker, Butter, Salz und zum Schluß den Grieß hineinrühren und unter öfterem Rühren ca. 10 Minuten quellen lassen. Ausgekühlt einzeln die Eigelbe untermengen, zuletzt die zu steifem Schnee geschlagenen Eiweiß unterheben. Eine feuerfeste Form gut ausbuttern, die Hälfte der Masse einfüllen, mit den Oblaten oder Waffelblättern und diese mit den abgetropften Früchten belegen. Schnell arbeiten, denn die Oblaten weichen leicht durch. Mit der restlichen Masse abdecken und die Oberfläche glattstreichen. Im vorgeheizten Rohr bei 180 °C in ca. 45 Minuten goldgelb backen. Mit Puderzucker bestäubt servieren.

Quarkauflauf

Banat

100 g Butter
100 g Zucker
5 Eier, getrennt
1 Prise Salz
etwas abgeriebene Zitronenschale
130 g trockener, fein zerdrückter Topfen (Quark)
Butter für die Form
Puderzucker und ½ Päckchen Vanillinzucker zum Bestäuben

Die Butter schaumig rühren. Nach und nach den Zucker zufügen und mit den Eigelben dickcremig aufschlagen. Salz, Zitronenschale und den Topfen dazugeben und alles gut miteinander vermengen. Zuletzt die zu steifem Schnee geschlagenen Eiweiß unterheben. Eine feuerfeste Form gut ausbuttern und die Masse einfüllen. Im vorgeheizten Rohr bei 180 °C in ca. 45 Minuten goldgelb backen. Puder- und Vanillinzucker vermischen und damit den Auflauf bestäuben.

Reisauflauf mit Aprikosen

Budapest

250 g Milchreis
¾ l Milch
1 Prise Salz
2 EL Butter, 1 EL Zucker
3 Eier, getrennt
etwas abgeriebene Zitronenschale
500 g reife, enthäutete, halbierte Aprikosen
Butter und Semmelbrösel für die Form
50 g Puderzucker

Den Reis kurz in kaltem Wasser waschen. Die Milch mit Salz zum Kochen bringen, den Reis zufügen und langsam weich kochen. Ausquellen und erkalten lassen. Die Butter mit Zucker und den Eigelben schaumig rühren. Zusammen mit der Zitronenschale unter den völlig ausgekühlten Reis mischen. Zuletzt die zu steifem Schnee geschlagenen Eiweiß unterheben. Eine längliche, feuerfeste Form gut ausbuttern und mit Semmelbröseln bestreuen. Die Hälfte der Reismasse einfüllen, die Aprikosenhälften darauf verteilen und mit Puderzucker bestreuen. Mit der restlichen Reismasse abdecken. Im vorgeheizten Rohr bei 180 °C in ca. 45 Minuten backen.

Reiskoch

Wien

100 g Milchreis
½ l Milch
70 g Butter
4 Eier, getrennt
70 g Zucker
1 Prise abgeriebene Zitronenschale
Butter für die Form

Den Reis kurz in kaltem Wasser waschen. Die Milch zum Kochen bringen, den Reis einrühren und langsam weich kochen. Ausquellen und abkühlen lassen. Die Butter schaumig rühren. Nach und nach die Eigelbe, Zucker und Zitronenschale zufügen und dickcremig aufschlagen. Zu dem völlig ausgekühlten Reis geben und beides gut miteinander vermengen. Eiweiß steif schlagen und unterheben. Eine feuerfeste Form gut ausbuttern und die Reismasse einfüllen. Im vorgeheizten Rohr bei 180 °C in ca. 45 Minuten goldgelb backen. Mit Kompott servieren.

Kirschauflauf mit Reis

Wien

250 g Milchreis
½ l Milch
3 EL guter Weißwein
1 EL Butter
4 EL Zucker
50 g Rosinen
3 Eier, getrennt
1 TL, Backpulver
Butter und Semmelbrösel für das Backblech
500 g schwarze Herzkirschen oder süße Weichseln (spanische Schattenmorellen)
Puderzucker zum Bestäuben

Den gewaschenen Reis in Milch und Weißwein weichkochen. Butter und Zucker, Rosinen, verklöppelte Eigelbe und Backpulver gut einmischen. Zuletzt die zu steifem Schnee geschlagenen Eiweiß unterheben. Ein Backblech ausbuttern, leicht mit Semmelbröseln bestreuen und die Reismasse daraufstreichen. Mit den entkernten Kirschen belegen, evtl. etwas zuckern. Im vorgeheizten Rohr bei 175 °C in ca. 45 Minuten goldgelb backen. Mit Puderzucker bestäuben.

Kirschauflauf

Kroatien

5 Eier, getrennt
4 EL Zucker
etwas abgeriebene Zitronenschale, Saft von ½ Zitrone
4 EL Mehl
2 Messerspitzen Backpulver
Butter für die Form
entkernte Kirschen zum Belegen
Puderzucker zum Bestäuben

Die Eigelbe mit Zucker, Zitronenschale und -saft schaumig rühren. Mehl und Backpulver unterrühren, zuletzt die zu steifem Schnee geschlagenen Eiweiß unterheben. Eine Auflaufform gut ausbuttern, die Masse einfüllen und reihenweise schön mit den Kirschen belegen. Im vorgeheizten Rohr bei 190 °C ca. 30–35 Minuten backen. Mit Puderzucker bestäuben.

Professorspeise für Kranke

Böhmen
100 Jahre altes Rezept

4 Eier, getrennt
2 EL Zucker, 2 TL Mehl
8 Tropfen Zitronensaft
15 Tropfen Rum
Butter für die Form

Die Eigelbe mit dem Zucker schaumig rühren. Nach und nach das Mehl und die Flüssigkeiten dazugeben. Zuletzt die zu steifem Schnee geschlagenen Eiweiß unterheben. In eine ausgebutterte Form füllen und im vorgeheizten Rohr bei 180 °C (ähnlich wie Biskuit) ca. 15 Minuten backen.

Wienerkoch

Schlesisch

¼ l Milch
90 g Zucker
1 Päckchen Vanillinzucker
70 g Butter
6 Eier, getrennt
1 EL Mehl
Butter für die Form
Puderzucker zum Bestäuben

Die Milch erwärmen. Langsam Zucker, Vanillinzucker, Butter, die verquirlten Eigelbe und das Mehl einrühren. Diese Masse bei schwacher Hitze unter ständigem Rühren dick kochen. Von der Herdstelle nehmen und kalt rühren. Zuletzt die zu steifem Schnee geschlagenen Eiweiß unterheben. Eine feuerfeste Form gut ausbuttern, die Masse einfüllen. Im vorgeheizten Rohr bei 180 °C in ca. 45 Minuten goldgelb backen. Mit Puderzucker bestäubt servieren.

Pfarrers Topfenauflauf

Foto

Böhmen

50 g Butter

6 EL Zucker

2 Eier, getrennt

200 g trockener Topfen (Quark)

200 g gekochte, geriebene Kartoffeln

50 g Rosinen oder geschälte, feingeschnittene Äpfel

Butter und Semmelbrösel für die Form

Die Butter mit dem Zucker schaumig rühren, die Eigelbe gut untermischen. Den Topfen mit den Kartoffeln zusammenmengen, zur Schaummasse geben und alles zusammen mit den Rosinen bzw. Äpfeln verkneten. Zuletzt die zu steifem Schnee geschlagenen Eiweiß unterheben. Eine Auflaufform gut ausbuttern, leicht mit Bröseln bestreuen und den Teig einfüllen. Im vorgeheizten Rohr bei 180 °C ca. 45 Minuten backen.

Haselnußpudding

Wien

5 Eier, getrennt
140 g Zucker
140 g gemahlene Haselnüsse
30 g Semmelbrösel
etwas Rum oder Arrak
Butter für die Form

Die Eigelbe mit dem Zucker schaumig rühren. Nüsse und Semmelbrösel unterrühren, ebenso den Rum bzw. Arrak. Zuletzt das zu steifem Schnee geschlagene Eiweiß unterheben. Eine Puddingform gut ausbuttern und die Masse bis zu ¾ der Formhöhe einfüllen. Die geschlossene Form bis ca. 1 Handbreit unter den Rand in ein kochendes Wasserbad stellen, den Pudding in ca. 60 Minuten garen. Der Pudding kann auch in einer gut ausgebutterten Tortenform bei 180°C Mittelhitze in ca. 45 Minuten im Rohr gebacken werden. Den Pudding stürzen und mit einer Fruchtsoße servieren.

Mandelpudding

Ungarn, Dalmatien, Kroatien, Wien

6 Eier, getrennt
100 g Zucker
250 g feingeriebene Kipferl- oder Semmelbrösel
abgeriebene Schale von ½ unbehandelter Zitrone
100 g geschälte, gemahlene Mandeln
Butter für die Form

Die Eigelbe mit dem Zucker sehr schaumig rühren, dann löffelweise die Brösel dazugeben, ebenso die Zitronenschale und die Mandeln. Zuletzt die zu steifem Schnee geschlagenen Eiweiß unterheben. Eine Puddingform gut ausbuttern und die Masse einfüllen. Die Form darf nicht ganz voll sein, da die Masse aufquillt. Die geschlossene Form bis ca. 1 Handbreit unter dem Rand in ein kochendes Wasserbad stellen und in ca. 60 Minuten garen. Den Pudding stürzen und mit einer Fruchtsoße servieren.

Schokoladenpudding

Wien

8 Eier, getrennt
180 g Zucker
200 g feingemahlene Mandeln
abgeriebene Schale von ½ unbehandelter Zitrone
1 gehäufter EL feingehacktes Orangeat
1 gehäufter EL feingehacktes Zitronat
50 g geriebene Schokolade
20 g geriebenes Schwarzbrot (notfalls Semmelbrösel)
Butter und Brösel für die Form

Die Eigelbe mit dem Zucker flaumig abrühren. Mandeln, Zitronenschale, Orangeat, Zitronat, Schokolade und die Brotbrösel dazugeben und gut zusammenmengen. Zuletzt die zu steifem Schnee geschlagenen Eiweiß unterheben. Eine Puddingform gut ausbuttern, mit Bröseln bestreuen und die Masse einfüllen. Die Form schließen und im vorgeheizten Rohr bei 180 °C in 60 Minuten gar backen. Der Pudding kann auch im Wasserbad gekocht werden. Die Form darf nicht ganz voll sein, da der Teig aufquillt. Den gestürzten Pudding mit Weinchaudeau (Seite 81) oder -creme (Seite 119) servieren.

Kastanienpudding I

Wien

100 g Zucker
100 g Butter
4 große Eier, getrennt
3 EL süßer Rahm
2 EL Rum
50 g feine Semmelbrösel
500 g gebratene, geschälte, gemahlene Kastanien (Maroni)
Butter für die Form

Den Zucker mit der Butter und den Eigelben schaumig rühren. Sahne, Rum und Semmelbrösel dazugeben und gut verrühren. Zuletzt die Kastanien untermengen und die zu steifem Schnee geschlagenen Eiweiß unterheben. Eine Puddingform gut ausbuttern und die Masse einfüllen. Die Form schließen, bis ca. 1 Handbreit unter dem Rand in ein kochendes Wasserbad stellen und in ca. 60 Minuten garen. Den Pudding stürzen und mit Weinchaudeau (Seite 81) oder Vanillesoße und Schlagsahne servieren.

Kastanienpudding II

Ungarn

¼ l Milch
1 aufgeschlitzte Vanilleschote
100 g Zucker
1 feingeschnittene Semmel
250 g gekochte, geschälte, zerkleinerte Kastanien (Maroni)
30 g Butter
5 Eier, getrennt
2 EL süßer Rahm
Butter für die Form

Die Milch mit der Vanilleschote, der halben Menge Zucker, der Semmel und den Kastanien aufkochen, dann durchpassieren. Die Butter mit dem restlichen Zucker und den Eigelben schaumig rühren, die Sahne zufügen und auf dem Herd unter ständigem Rühren dick schaumig kochen. Die Vanilleschote aus der Kastanienmilch fischen, die Milch zum Eigelbschaum geben, nochmals aufkochen und auskühlen lassen. Die zu steifem Schnee geschlagenen Eiweiß unterheben. Eine Tortenform gut ausbuttern, die Masse einfüllen und bei 180 °C ca. 45 Minuten backen. Mit Weinchaudeau (Seite 81) oder Vanillesoße servieren.

Erdbeerpudding

Budapest   Foto Seite 91

250 g reife, gewaschene Erdbeeren
⅛ l süßer Rot- oder Weißwein
8 Eigelb
250 g feingeriebener Biskuit
50 g Zucker
2 Messerspitzen Zimt
Butter für die Form
rot-weißer Zucker zum Bestreuen

Die gut abgetropften Erdbeeren durch ein Sieb drücken. Den Wein mit dem Eigelb verrühren. Die Biskuitbrösel, Zucker, Zimt und das Erdbeermus dazugeben, alles gut miteinander vermengen. Die Masse in eine gut ausgebutterte Puddingform einfüllen und die Form schließen. Im vorgeheizten Rohr bei 180 °C ca. 45 Minuten backen. Den Pudding stürzen und, mit Zucker bestreut, servieren.

Mohr im Hemd   Foto

Österreich

70 g Butter
4 Eier, getrennt, 70 g Zucker
70 g geriebene Schokolade
70 g gemahlene Mandeln
Butter und Mehl für die Form

Vanilleschaum

½ aufgeschlitzte Vanilleschote
100 g Zucker, 3 EL Wasser
2 Eier

Die Butter schaumig rühren. Die Eigelbe einzeln zufügen und abwechselnd mit dem Zucker dickschaumig rühren. Schokolade und Mandeln unterrühren, zuletzt die zu steifem Schnee geschlagenen Eiweiß unterheben. Eine Puddingform gut ausbuttern, bemehlen und die Masse einfüllen. Die geschlossene Form bis ca. 1 Handbreit unter dem Rand in ein kochendes Wasserbad stellen und in ca. 60 Minuten garen. Den Pudding stürzen und mit Vanilleschaum servieren.

Für den Vanilleschaum die Vanilleschote mit dem Zucker und dem Wasser kochen, bis der Zucker anfängt zu »spinnen« (Fäden zu ziehen). Die Vanilleschote entfernen. Die Eier schaumig rühren, ganz langsam die heiße Zuckermischung einmengen, nicht mehr kochen.

Nußpudding

Österreich

125 g Butter

3 Eier, getrennt

etwas abgeriebene
Zitronenschale

1 Päckchen Vanillinzucker

125 g Zucker

1 Päckchen Backpulver

1 Prise Salz

375 g feines Mehl

¼ l Milch

75 g gemahlene Nüsse

Butter und Mehl für die Form

Die Butter mit den Eigelben
schaumig rühren. Zitronenschale, Vanillinzucker und Zukker zugeben und dickschaumig rühren. Backpulver, Salz
und Mehl in die Milch sieben,
gut vermischen und zur Eigelbmasse rühren. Zuletzt die Nüsse und die zu steifem Schnee
geschlagenen Eiweiß vorsichtig unterheben. Eine Puddingform gut ausbuttern, bemehlen und die Masse einfüllen.
Die geschlossene Form bis ca.
1 Handbreit unter den Rand in
ein kochendes Wasserbad stellen und in ca. 60 Minuten garen. Den Pudding stürzen und
mit Schokoladensoße oder
Kompott servieren.

Hefedampfnudeln

Im ganzen Land

| 1 kg Mehl |
| 6 EL lauwarme Milch |
| 40 g Hefe |
| 2 EL Zucker |
| 2 EL zerlassene Butter |
| 3 Eier |
| etwas Salz |

Für die Bratreine

| Butter |
| ¾ l Milch |
| 1 Päckchen Vanillinzucker |
| 1 EL Zucker |

Das Mehl in eine Schüssel sieben, in die Mitte eine Vertiefung drücken. Von der Milch 3–4 EL abnehmen und darin in einer Tasse die Hefe mit dem Zucker auflösen, anschließend in die Mehlmulde schütten. Mit etwas Mehl bestreuen, die Schüssel mit einem Tuch abdecken und das Dampfl an einem warmen Ort aufgehen lassen. Wenn das Dampfl etwa das doppelte seines Volumens erreicht hat, die restlichen Zutaten zugeben und gut abschlagen, bis sich der Teig vom Schüsselrand löst. Erneut zugedeckt aufgehen lassen, bis der Teig wieder etwa das doppelte Volumen erreicht hat. Noch einmal durchkneten, dann auf ein bemehltes Arbeitsbrett stürzen. In hühnereigroße Stücke schneiden, diese auf bemehlten Händen rund formen und nochmals zugedeckt 45 Minuten gehen lassen.

Eine eiserne Bratreine oder Auflaufform gut ausbuttern, die Milch leicht darin erwärmen und mit dem Vanillinzucker und Zucker vermischen. Die Nudeln nicht zu eng hineinsetzen, abdecken und den Rand vorsorglich mit einem nassen Tuch umwinden. Im vorgeheizten Rohr bei 170 °C ca. 30 Minuten backen, sie sollen unten goldgelb sein. Am besten gleich in der Bratreine servieren, damit die Nudeln nicht zusammenfallen, oder auf eine Platte stürzen.

Zu den Dampfnudeln Hagebutten- oder Vanillesoße, evtl. auch Zwetschgenkompott servieren.

Grießkotelett

Ungarn

| 100 g Grieß |
| ½ l Salzwasser |
| 2 EL zerlassene Butter |
| 3 Eier |
| 2 gehäufte EL Semmelbrösel oder Mehl |
| Semmelbrösel für das Brett |
| Fett zum Ausbacken |

Den Grieß in Salzwasser weich und dick kochen und auskühlen lassen. Butter, Eier und Semmelbrösel bzw. Mehl dazugeben und gut vermengen. Ein Brett mit Semmelbröseln bestreuen, darauf aus dem Grießteig Koteletts formen und diese im heißen Fett goldgelb ausbacken. Mit süßsaurem Kürbis oder Kompott servieren. Sehr empfehlenswert ist auch Stachelbeersoße.

Versoffene Jungfern

100 Jahre altes Rezept
Böhmen

4 EL Zucker	
4 Eier, getrennt	
4 EL Mehl	
Schmalz zum Ausbacken	
2–3 EL Weißwein	
Zucker, Zimt und Nelken zum Würzen	

Den Zucker mit den Eigelben schaumig rühren. Nach und nach das Mehl dazugeben, zuletzt die zu steifem Schnee geschlagenen Eiweiß unterheben. Reichlich Schmalz in einer tiefen Pfanne erhitzen. Mit Hilfe von zwei Teelöffeln Nocken abstechen und in das heiße Schmalz legen, von allen Seiten goldgelb backen. Mit einem Seihlöffel herausheben und in eine Schüssel geben. Den erwärmten Wein, mit Zucker, Zimt und Nelken gewürzt, darübergießen. Die Nocken sollen nicht in der Flüssigkeit schwimmen.

Besoffene

Banat

6 altbackene Semmeln	
¼ l guter Weißwein	
Aprikosenkonfitüre	
3 Eier	
ca. 100 g Semmelbrösel	
Butter zum Ausbacken	
Puderzucker und etwas Zimt zum Bestäuben	

Die Semmeln in ca. 1½ cm breite Scheiben schneiden und kurz in den Wein tauchen. Je zwei Semmelscheiben mit Konfitüre zusammensetzen, durch die verschlagenen Eier ziehen und in den Semmelbröseln wenden. In der heißen Butter von beiden Seiten goldgelb ausbacken. Den Puderzucker mit dem Zimt vermischen und damit die Besoffenen bestäuben.

Mohn-Bobajka

Slowakei

300 g Mehl	
¼ l lauwarme Milch	
20 g Hefe	
1 Prise Zucker	
1 Ei	
2 Eigelb	
1 Prise Salz	
etwas Fett	
250 g feingemahlener Mohn	

Das Mehl in eine Schüssel sieben. Von der Milch 3–4 EL abnehmen und darin in einer Tasse die Hefe mit dem Zucker auflösen. Die angerührte Hefe mit dem Ei, den Eigelben und dem Salz zum Mehl geben und einen glatten Teig arbeiten, dabei so lange schlagen, bis sich der Teig vom Schüsselrand löst. Den Teig zugedeckt an einem warmen Ort aufgehen lassen, er soll etwa das doppelte seines Volumens erreichen. Anschließend auf einem bemehlten Brett fingerlange, daumendicke Nudeln formen, auf ein nicht gefettetes, leicht bemehltes Backblech legen und nochmal, mit einem Tuch bedeckt, aufgehen lassen. Im vorgeheizten Rohr bei 180 °C in ca. 20 Minuten hellgelb backen. Aus dem Rohr nehmen und kurz mit heißem Wasser überbrühen. Die Nudeln dürfen, obwohl sie weich sind, nicht zerfallen. In einem Sieb abtropfen lassen. In einem Topf Fett erhitzen und die Nudeln hineinlegen. Den Mohn in der restlichen Milch aufkochen und vorsichtig unter das Gericht mischen.

Salzburger Nockerl I

100 g Mehl
3½ EL Milch
50 g Butter
8 Eier, getrennt
1 Prise Salz
1 EL Vanillinzuckere
1½ l Milch zum Kochen

Creme

100 g Butter
7 Eier, getrennt
70 g Zucker
½ Päckchen Vanillinzucker

Butter für die Form

Das Mehl in einen Topf sieben und gut mit der Milch verrühren. Die Butter hinzufügen und unter ständigem Rühren aufkochen lassen. Von der Herdstelle nehmen und auskühlen lassen. Einzeln die Eigelbe einrühren, Salz und Vanillinzucker zufügen. Zuletzt die zu steifem Schnee geschlagenen Eiweiß unterheben. Die Milch zum Kochen bringen und mit Hilfe von zwei Eßlöffeln gleichmäßig große Nokkerl einlegen. Immer nur wenige, da sie sehr stark aufgehen. Von jeder Seite 1½ Minuten garziehen lassen. Mit dem Schaumlöffel herausnehmen und in einem Sieb abtropfen lassen.

Für die Creme die Butter schaumig rühren. Einzeln die Eigelbe zufügen und mit je etwas Zucker und Vanillinzucker dickschaumig rühren. Zuletzt die zu steifem Schnee geschlagenen Eiweiß vorsichtig unterheben.
Eine feuerfeste Form gut ausbuttern, die Hälfte der Creme einfüllen, darauf die Nockerl setzen und darüber die restliche Creme füllen. Im vorgeheizten Rohr bei 180 °C in ca. 30 Minuten goldgelb backen.

Salzburger Nockerl II

Foto

50 g Puderzucker
30 g Butter
3 Eier, getrennt
1 TL Speisestärke
1 gehäufter EL Butter
Puderzucker mit etwas
Vanillinzucker zum
Bestäuben

Den Puderzucker mit der Butter schaumig rühren. Einzeln die Eigelbe und die Speisestärke dazugeben. Zuletzt die zu steifem Schnee geschlagenen Eiweiß vorsichtig unterheben. In einer feuerfesten Auflaufform oder einer schweren Pfanne die Butter erhitzen, mit einer Teigkarte oder mit Hilfe von zwei Eßlöffeln gleichmäßig große Nockerl nebeneinander hineinsetzen. Im vorgeheizten Backrohr bei 180 °C 8–10 Minuten hellgelb backen; die Nockerl sollen schaumig bleiben. Reichlich mit Puderzucker bestäuben.

Salzburger Nockerl III

20 g Butter

60 g Mehl

1½ EL Milch

4 Eier, getrennt

2 EL Zucker

1 Päckchen Vanillinzucker

1 Prise Salz

1 l Milch zum Kochen

Creme

60 g Butter

4 Eier, getrennt

4 EL Zucker

1 TL Mehl

Butter für die Form

Die Butter erhitzen. Das Mehl hineinrühren, zischen lassen und mit der Milch ablöschen. Von der Herdstelle nehmen und auskühlen lassen. Einzeln die Eigelbe zufügen und mit Zucker und Salz glatt einrühren. Zuletzt die zu steifem Schnee geschlagenen Eiweiß unterheben. Die Milch zum Kochen bringen und mit Hilfe von zwei Eßlöffeln gleichmäßig große Nockerl einlegen. Diese aufsteigen lassen, wenden, wieder aufsteigen lassen, dann mit dem Schaumlöffel herausnehmen und zum Abtropfen in ein Sieb legen. Für die Creme die Butter schaumig rühren. Nacheinander mit den Eigelben, dem

Zucker und dem Mehl cremig schlagen. Zuletzt die zu steifem Schnee geschlagenen Eiweiß vorsichtig unterheben. Eine feuerfeste Form gut ausbuttern, die Hälfte der Creme einfüllen, darauf die Nockerl setzen und darüber die restliche Creme füllen. Im vorgeheizten Rohr bei 180 °C in ca. 30 Minuten goldgelb backen.

Apfelspeise

Böhmen

15 gute, mittelgroße Äpfel

eingeweckte, abgetropfte Sauerkirschen oder Aprikosen

Butter für die Form

3 Eier

4 EL Zucker

3 EL Mehl

¼ l Milch

1 Prise Salz

Die Äpfel schälen, einen Deckel abschneiden und das Kernhaus ausstechen. Mit dem gut abgetupften, kleingeschnittenen Obst füllen und mit den Deckeln verschließen. Schön nebeneinander in eine gut ausgebutterte, feuerfeste Form setzen. Die Eier mit dem Zucker, dem Mehl, der Milch und dem Salz glattrühren und über die Äpfel gießen. Im vorgeheizten Rohr bei 175 °C ca. 30 Minuten backen.

Apfelmehlspeise aus Baden

Um 1800

210 g Mehl, 140 g Butter

3 Eigelb, 1 Prise Salz

Butter für das Backblech

feste Apfelkonfitüre zum Füllen

Ei oder Rahm zum Bestreichen

Puderzucker zum Bestäuben

Das Mehl auf ein Brett sieben. Die Butter in kleinen Stücken auf dem Mehl verteilen und zusammen mit den Eigelben und dem Salz gut einarbeiten. Den Teig teilen. Eine Hälfte messerrückendick auswalken und auf dem gut gefetteten Blech im vorgeheizten Rohr bei 175 °C ca. 10 Minuten halb ausbacken. Mit der Konfitüre bestreichen und mit der gleich groß ausgewalkten zweiten Teighälfte abdecken. Die Teigfläche mit dem verquirlten Ei bzw. Rahm bestreichen und die Speise in weiteren 15 Minuten fertigbacken. Mit Puderzucker bestäuben.

VARIANTE

120 Jahre altes Rezept: Den Teig zubereiten und backen wie oben, jedoch mit Apfelmus füllen und die Teigfläche nicht mit Ei bzw. Rahm bestreichen. Die fertige Speise mit Zimtzucker bestreuen.

Apfelmandel

Banat

Foto
Seite 90

5 altbackene Semmeln
½ l Milch
Butter für das Backblech
5 mittelgroße Äpfel
100 g Zucker
etwas Zimt
40 g Rosinen
3 Eier
Puderzucker zum Bestäuben

Die Semmeln in gleichmäßige, ca. 1 cm dicke Scheiben schneiden. Kurz in die Milch tauchen und die halbe Menge schön nebeneinander auf das gut ausgebutterte Backblech legen. Die Äpfel schälen, entkernen, fein schneiden und auf den Semmelscheiben verteilen. Zucker, Zimt und Rosinen vermischen und gleichmäßig über die Äpfel streuen. Diese mit den restlichen Semmelscheiben abdecken. Die Eier mit der übriggebliebenen Milch verquirlen und die Apfelmandel damit übergießen. Im vorgeheizten Rohr bei 180 °C ca. 40 Minuten backen. Mit Puderzucker bestäubt servieren.

Spanische Äpfel

Budapest

1 kg kleinere Äpfel
¼ l guter Weißwein
370 g Zucker
60 g gestiftelte Mandeln
2 Päckchen Vanillinzucker
5 Eigelb
1 EL guter Rum
¼ l süßer Rahm
Konfitüre zum Füllen

Die Äpfel schälen und das Kernhaus ausstechen. Den Wein mit 250 g Zucker erhitzen und die Äpfel so vorsichtig darin weich kochen, daß sie ganz bleiben. Etwas abkühlen lassen. Mit den Mandeln so bespicken, daß sie aussehen wie kleine Igel.
Den restlichen Zucker mit dem Vanillinzucker und den Eigelben schaumig rühren, den Rum dazugeben und die steifgeschlagene Sahne unterheben. Die Äpfel auf eine tiefe Platte setzen, in die Höhlungen etwas Konfitüre füllen und mit der Creme überziehen. Sehr kalt servieren.

Semmelspeise mit Wein

Böhmen

6 altbackene Semmeln
½ l Milch
3 Eier
2 EL Zucker
2 EL Milch
1 Prise Salz
50 g Butter zum Ausbacken
¼ l guter Weißwein
ca. 1 TL Zucker und Zimt

Die Semmeln in ca. 1½ cm dicke Scheiben schneiden. In die kalte Milch tauchen und ca. 15 Minuten durchziehen lassen. Die Eier mit dem Zucker, den 2 EL Milch und dem Salz verquirlen. Die auf einem Sieb gut abgetropften Semmelscheiben darin wenden und in der heißen Butter von beiden Seiten goldgelb ausbacken. Auf einer tieferen Platte anrichten. Den Wein mit Zucker und Zimt abschmekken, zum Kochen bringen und über die Semmelscheiben gießen. Sofort servieren, da sie sonst zu weich werden.

Dampfbuchterl

Slawonien

250 g Mehl
⅛ l lauwarme Milch
10 g Hefe, 50 g Zucker
50 g Butter, 2 Eigelb
etwas Salz
Butter und Milch für die
Pfanne, flüssige Butter
zum Bestreichen

Vanillesoße

6 EL kalte Milch
20 g Zucker, 2 Eigelb
1 gehäufter TL Speisestärke
1 Päckchen Vanillinzucker
oder ausgeschabtes Mark von
½ Vanilleschote
¼ l kochende Milch

Das Mehl in eine Schüssel sieben, in die Mitte eine Vertiefung drücken. Von der Milch 2 EL abnehmen, in einer Tasse die Hefe mit 2 TL Zucker darin auflösen und anschließend in die Mehlmulde schütten. Mit etwas Mehl bestreuen, die Schüssel mit einem Tuch abdecken und das Dampfl an einem warmen Ort aufgehen lassen. Die restlichen Zutaten zugeben und gut abschlagen, bis sich der Teig vom Schüsselrand löst. Erneut aufgehen lassen, bis der Teig etwa das doppelte Volumen erreicht hat. Noch einmal durchkneten, dann auf ein bemehltes Brett stürzen. Gleichmäßige Stücke abschneiden, mit bemehlten Händen rund formen und in die gut ausgebutterte Pfanne, die ca. ½ cm hoch mit Milch bedeckt ist, setzen. Zwischen die einzelnen Buchterl flüssige Butter streichen, damit sie nicht zusammenkleben. Nochmals aufgehen lassen und im vorgeheizten Rohr bei 190 °C in ca. 30 Minuten hellgelb backen. Für die Vanillesoße in die kalte Milch Zucker, Eigelb, Speisestärke und Vanille einrühren. Diese Mischung in die kochende Milch gießen und unter ständigem Rühren aufkochen lassen.
Die Buchterl stürzen und mit der Vanillesoße servieren.

Feine Buchteln Foto

Böhmen

20 g Hefe
⅛ l lauwarme Milch
50 g Zucker, 70 g Butter
2 Eigelb, 250 g Mehl
flüssige Butter zum Tauchen

Die Hefe in 2 EL Milch mit 2 TL Zucker auflösen. Die Butter mit dem restlichen Zucker und den Eigelben schaumig rühren. Mit der Hefe, der restlichen Milch und dem Mehl zu einem glatten Teig abschlagen. Die Schüssel mit einem Tuch bedecken und den Teig an einem warmen Ort aufgehen lassen, bis er etwa das doppelte Volumen erreicht hat. Noch einmal durchkneten, dann auf bemehlter Arbeitsfläche ca. 2 cm dick auswalken und in 5 × 7 cm große Vierecke schneiden. In die Mitte 1 TL Füllung (siehe unten) geben, zusammenklappen, gut schließen, leicht in flüssige Butter tauchen und nochmals aufgehen lassen. In eine ausgebutterte Bratreine geben und im vorgeheizten Rohr bei 180 °C in 35 Minuten goldgelb backen.

VARIATIONEN
FÜR DIE FÜLLUNG

1. Festes Zwetschgenmus oder passierte Datteln mit etwas Zucker, etwas abgeriebener Zitronenschale und -saft und einer Prise Zimt vermischen.
2. 150 g trockenen, passierten Quark, 1 Eigelb, 1 EL Butter, 1 EL Zucker, 1 EL Weinbeeren und 1 Prise Zitronenschale gut verrühren.
3. 150 g feingemahlenen Mohn in ¼ l Milch gut durchkochen, Zucker oder Honig, Zimt und abgeriebene Zitronenschale untermengen.
4. 150 g gemahlene Haselnüsse in ⅛ l Milch aufkochen, 2 EL Zucker, 1 Prise Zimt und abgeriebene Zitronenschale untermengen.

Zitronenkoch

Wien

6 Eier
6 gehäufte EL Zucker
2 EL Mehl
abgeriebene Schale von
1 unbehandelten Zitrone
Saft von 2 Zitronen
Butter und Mehl für die Form

Weinschaum
6 Eigelb
6 EL Zucker
¼ l Weißwein

Die Eier mit dem Zucker steif
schlagen. Das Mehl dazurühren, zuletzt Zitronenschale
und -saft untermischen. Eine
Puddingform gut ausfetten
und bemehlen, die Masse einfüllen und die Form schließen.
Bis zur Hälfte in kochendes
Wasser stellen und bei 170 °C
im vorgeheizten Rohr ca.
45 Minuten garen. Der Teig
reißt während der Backzeit
auf.
Für den Weinschaum die angegebenen Zutaten auf dem
heißen, aber nicht kochenden
Wasserbad unter Rühren dickschaumig aufschlagen. Den
auf eine vorgewärmte Platte
gestürzten Koch damit begießen.

Reis mit gefüllten Äpfeln

Wien

500 g Milchreis
1 ½ l Vollmilch
5 EL Zucker
3 EL Butter
4 Eier, getrennt
abgeriebene Schale von
½ unbehandelter Zitrone
Butter und Semmelbrösel für
das Backblech
12 gute Kochäpfel
Hagebuttenmark zum Füllen
Zucker zum Bestreuen

Den Reis in der Milch weich
kochen (wie Milchreis, Seite 44). Den Zucker mit der Butter und den Eigelben schaumig rühren und unter den
ausgekühlten Reis mischen.
Die zu steifem Schnee geschlagenen Eiweiß und Zitronenschale unterheben. Ein Backblech buttern und leicht mit
Semmelbröseln bestreuen.
Den Reisteig gleichmäßig auf-
streichen. Die Äpfel schälen,
einen Deckel abschneiden,
das Kernhaus ausstechen und
reihenweise auf den Reis setzen. Die Höhlung der Äpfel
mit Hagebuttenmark füllen
und die Deckel wieder aufset-
zen. Mit Zucker bestreuen. Im
vorgeheizten Rohr bei 175 °C
in ca. 75 Minuten goldgelb
backen.

Gebackener Reis mit Wein

Budapest

250 g Milchreis
½ l Milch
3 EL guter Weißwein
1 EL Butter
4 EL Zucker
50 g Rosinen
3 Eier, getrennt
1 TL Backpulver
Butter und Semmelbrösel für
das Backblech
heißer, gezuckerter Weißwein
zum Übergießen

Den Reis in Milch und Weißwein weich dämpfen (wie
Milchreis, Seite 44). Butter
und Zucker schaumig rühren,
die Rosinen, die verklöppelten
Eigelbe, das Backpulver und
den ausgekühlten Reis gut einmischen. Zuletzt die zu steifem Schnee geschlagenen Eiweiß unterheben. Die Masse
gleichmäßig auf ein gebutter-
tes und leicht ausgebröseltes
Backblech streichen. Im vorgeheizten Rohr bei 175 °C in ca.
45 Minuten goldgelb backen.
Vor dem Servieren mit dem
heißen Weißwein übergießen
oder diesen separat reichen
(falls Kinder mitessen).

Weinlese in Werschetz (Banat) ▷

Cremes und Cremespeisen, Kompotte

Cremes sind eine besonders feine Nachspeise. Die Zubereitung erfolgt oft ohne Gelatine, Mehl oder Speisestärke. Falls doch Gelatine verwendet wird, weicht man sie vorher in kaltem Wasser ein, drückt sie aus und verrührt sie gleichmäßig in der heißen Creme. Da man die Cremes nicht wie Pudding stürzen kann, werden sie nach der Fertigstellung portionsweise in schöne Gläser verteilt. Gut ausgekühlt ist die Creme, oft mit Schlagsahne und Früchten gereicht, die Krönung eines Festmahles.

Die weiten, fruchtbaren Ebenen des Donauraumes und die günstigen klimatischen Bedingungen waren nicht nur ideal für den Anbau von Weizen, Mais und den herrlichsten Gemüsesorten, sondern auch für wundervolles, sonnengereiftes Obst, das der eigene Garten lieferte. Frisch geerntet, bereitete man daraus Kompotte zu. Während der ganzen Sommermonate wurde das Obst ganz nach den jeweiligen Erntezeiten eingeweckt. »Das Dunst« füllte nach und nach die Regale in der »Speis'« und war im Winter, ebenso wie die Kompotte im Sommer, ein wichtiger Bestandteil der Ernährung von Kranken und Kindern.

Russische Creme

Budapest

4 Eigelb
4 EL Zucker
4 TL Mehl
¼ l süßer Rahm
weitere ⅜ l süßer Rahm
60 g verschiedene kandierte
Früchte (Melonenschale,
Rosinen, Zitronat),
klein geschnitten,
am Vorabend in 2 EL Eierlikör
oder Rum eingeweicht
100 g kandierte Kirschen zum
Verzieren

Die Eigelbe mit dem Zucker
und dem Mehl in einem Topf
schaumig rühren. ¼ l Rahm
dazugeben und bei nicht zu
starker Hitze im Wasserbad
unter ständigem Rühren bis
zum Kochen kommen lassen.
Sofort vom Herd nehmen und
auskühlen lassen. Die restliche Sahne steif schlagen. ⅔
davon zusammen mit den eingeweichten Früchten unter die
kalte Creme mengen. In schöne Stielgläser füllen und in
den Kühlschrank stellen. Vor
dem Servieren mit der restlichen Sahne (⅛ l) und kandier-
ten Kirschen verzieren.

Englische Creme

Wien

10 Eigelb
200 g Puderzucker
6 cl guter Rum
1 TL guter Weißwein
4 TL Himbeersaft
1 TL Zitronensaft
2 Blatt weiße, kalt
eingeweichte Gelatine
wenig Wasser
60 g schöne, gezuckerte
Himbeeren
70 g süßer Rahm

Die Eigelbe mit dem Puderzuk-
ker schaumig rühren. Den
Rum dazugeben, dann den
Wein, Himbeer- und Zitronensaft. Unter Rühren auf dem
Herd bei nicht zu starker Hitze
im Wasserbad dickschaumig
schlagen. Die Creme lauwarm
auskühlen lassen. Die aufgelöste Gelatine gleichmäßig in
die Creme rühren und vorsichtig die Himbeeren untermischen. Ganz auskühlen lassen,
dann erst die steifgeschlagene
Sahne unterheben.

Lieblingscreme

Böhmen

4 Eigelb
140 g Zucker
4 EL süßer Rahm
120 g geröstete, feingehackte
Mandeln
6 EL starker schwarzer Kaffee
½ l süßer Rahm

Die Eigelbe mit dem Zucker
schaumig rühren. 4 EL Rahm
dazugeben und bei nicht zu
starker Hitze im Wasserbad
unter ständigem Rühren dick
kochen. Die Mandeln und den
Kaffee untermengen und die
Creme kalt rühren. Den steifgeschlagenen Rahm unterheben. Sehr kalt servieren.

Falscher Schlagrahm

Böhmen
Rezept von 1873

3 Eiweiß
60 g Puderzucker
60 g zerlassene Butter

Eiweiß und Zucker sehr steif
schlagen. Die ausgekühlte Butter dazumengen. Den Schlagrahm kalt stellen und wie ech-
te Sahne verwenden.

Vogelmilch

Österreich, Ungarn

1 l Milch
100 g Zucker
½ aufgeschlitzte Vanilleschote
3 Eier, getrennt
½ TL Vanillinzucker
1 EL Mehl
feingewiegte Mandeln und
Puderzucker zum Bestreuen

Die Milch mit dem Zucker und
der Vanilleschote aufkochen.
Eiweiß zu steifem Schnee
schlagen, den Vanillinzucker
dazugeben. Mit einem Eßlöffel kleine Nockerl abstechen
und in die siedende Milch einlegen. Kurz aufkochen lassen,
wenden und mit dem Schaumlöffel herausnehmen. Da die
Nockerl sehr aufgehen, immer
nur wenige einlegen.
Die Eigelbe mit dem Mehl verrühren und langsam zur Milch
geben, nicht mehr kochen. Die
Milch auskühlen lassen und in
Portionsschälchen verteilen.
Die Nockerl locker daraufsetzen und 1–2 Stunden kühl stellen. Mit Mandeln und Puderzucker bestreut servieren.

Speyerer-Creme

Rezept von 1873

6 Eier, getrennt
160 g Zucker
abgeriebene Schale von
½ unbehandelter Zitrone
⅛ l heißer Weißwein
2 Blatt weiße, kalt
eingeweichte Gelatine
Saft von 1 Zitrone

Die Eigelbe mit dem Zucker
schaumig rühren. Die Zitronenschale dazugeben. Den
heißen Wein mit dem Schneebesen in den Eigelbschaum
schlagen und unter ständigem
Rühren bei nicht zu starker
Hitze im Wasserbad zu einer
dicken Creme kochen. Von der
Herdstelle ziehen, die ausge-
drückte Gelatine sowie den Zitronensaft einrühren. Die zu
steifem Schnee geschlagenen
Eiweiß unterziehen. Die Creme in eine Schüssel füllen
und für einige Stunden kalt
stellen.

Pompadour-Creme

Wien

5 Eigelb, 100 g Zucker
½ Päckchen Vanillinzucker
½ l süßer Rahm
eingewecktes Obst
2 EL guter Rum

Die Eigelbe mit dem Zucker,
Vanillinzucker und ¼ l Rahm
unter ständigem Rühren bei
nicht zu starker Hitze im Wasserbad zu einer dicken Creme
kochen. Anschließend auskühlen lassen. Das Obst abtropfen lassen, klein schneiden
und mit dem Rum vermengen.
Den restlichen Rahm steif
schlagen und bis auf eine kleine Menge zusammen mit dem
Obst unter die Creme mi-
schen. Die Creme in Portionsschälchen verteilen, mit etwas
Schlagrahm bespritzen, einem
Stückchen Obst verzieren und
bis zum Servieren kühl stellen.

Malakoff-Creme

Rezept von 1873

125 g Butter
100 g Puderzucker
3 Eigelb
140 g geschälte, gemahlene
Mandeln
1 EL starker Mokka
⅛ l süßer Rahm

Die Butter mit dem Puderzuk-
ker schaumig rühren. Die Eigelbe einzeln dazurühren, dann
die Mandeln und den Mokka.
Den Rahm steif schlagen und
unter die Creme heben.
Diese Creme eignet sich auch
sehr gut zum Füllen von Biskuit oder Sandkuchen.

KOMPOTTE

Aprikosenkompott

500 g nicht zu weiche
Aprikosen
⅛ l Wasser
250 g Zucker
etwas Zitronensaft

Die Aprikosen überbrühen,
häuten, halbieren und mit
Wasser, Zucker und Zitronensaft weich kochen. Herausnehmen und in eine Kompottschale füllen. Die Aprikosensteine
aufschlagen, die Kerne auslö-
sen und kochendheiß überbrühen, in der Kochflüssigkeit der
Aprikosen dick einkochen.
Über die Aprikosen gießen.

Apfelpüree

250 g schöne, reife Äpfel
4 TL Wasser
3 EL Puderzucker, mit
½ TL Zimt vermischt

Die Äpfel schälen, vom Kernhaus befreien und in Wasser
weich dünsten. Die Früchte etwas auskühlen lassen und
durch ein Sieb streichen. Gut
mit Puderzucker glattrühren
und kalt stellen.

Orangenkompott

Schöne, gleichmäßige
Orangen
Zucker zum Bestreuen
1 Glas Weißwein

Die Orangen schälen, auch
von den weißen Häuten befrei-
en und in gleichmäßig dünne
Streifen schneiden. In eine
Kompottschale legen und
30 Minuten stehen lassen.
Während dieser Zeit mehr-
mals leicht mit Zucker bestreu-
en. Vor dem Servieren mit
Wein übergießen.

Birnenkompott

1 kg schöne, nicht zu reife
Birnen
¼ l Wasser
ca. 50 g Zucker
etwas Weißwein
etwas Zitronensaft
Kirsch- oder Weichselkompott
zum Füllen

Die Birnen schälen, halbieren
und das Kernhaus ausste-
chen. In Zuckerwasser, Weißwein und Zitronensaft weich
kochen. In eine Kompottschale legen und die Höhlungen
mit dem Kirsch- oder Weichselkompott füllen. Den Birnen-
saft dick einkochen und über
die Früchte gießen.

Stachelbeerkompott

500 g reife, schöne
Stachelbeeren
375 g Zucker
6 EL Wasser

Die Stachelbeeren putzen und
waschen. Zucker und Wasser
zum Sieden bringen und das
Obst darin 10 Minuten ko-
chen. Ganz ausgekühlt servieren.

Saazer Kompott

500 g Preiselbeeren
500 g gute Sommerbirnen
500 g mürbe Äpfel
500 g Zwetschgen
500 g Zucker
Wasser

Die Preiselbeeren, die gevier-
telten Birnen und Äpfel sowie
die halbierten, entsteinten
Zwetschgen zusammen mit
dem Zucker in ganz wenig
Wasser ca. 45 Minuten ko-
chen. Fertig. Dieses Kompott
schmeckt als Beilage zu Mehlspeisen und zu diversen Braten.

Kürbis mit Zucker und Honig

1 kg Kürbis	
¼ l guter Weinessig	
⅛ l Wasser	
130 g Zucker	
3 Nelken	
1 Prise Salz	
einige Pfefferkörner	

Den Kürbis schälen und in längliche, kleine Stücke schneiden. Den Weinessig mit Wasser, Zucker, Nelken, Salz und Pfefferkörnern zum Sieden bringen und die Kürbisstücke darin gut durchkochen, bis sie glasig erscheinen. Mit einem Schaumlöffel herausnehmen und in eine Kompottschale legen. Den Saft noch ca. 30 Minuten einkochen, über die Kürbisstücke gießen. Das Kompott kalt stellen. Gut zu Grießnudeln und verschiedenen Braten.

Delikateß-Pfirsiche

1 kg reife Pfirsiche
¼ l Wasser
250 g Zucker
Saft von 1 Zitrone
1 Päckchen Vanillinzucker
1 EL Maraschino oder Rum
¼ l süßer Rahm

Die Pfirsiche überbrühen und häuten, dann halbieren und entsteinen. Das Wasser mit dem Zucker aufkochen lassen, Zitronensaft und Vanillinzucker dazugeben. In diesem Saft die Pfirsiche kurz ziehen lassen, herausnehmen und in eine Schüssel legen. Den Saft mit Maraschino bzw. Rum verfeinern und über die Pfirsiche gießen. Mit dem steifgeschlagenen Rahm bedecken. Kalt stellen und mit Makronen oder Feingebäck servieren.

Quittenkompott

10 Quitten
Wasser zum Kochen
12 EL guter Weinessig
250 g Zucker

Die Quitten schälen, achteln und vom Kernhaus befreien. Reichlich Wasser zum Sieden bringen und die Fruchtsegmente darin weich kochen. Auch die Schalen und Kernhäuser dazugeben, weil dadurch das Kompott eine schöne, rote Farbe erhält. Die Quittenachtel mit einem Schaumlöffel herausnehmen und in eine Kompottschale legen. Den Fruchtsaft mit Weinessig und Zucker in ca. 30 Minuten dick einkochen, durchseihen und über die Früchte gießen. Auskühlen lassen.

Grünes Paradeiskompott

1 kg grüne Tomaten
⅔ l Wasser
⅓ l Weinessig
1 kg Zucker
1 aufgeschlitzte Vanilleschote

Die Tomaten waschen und achteln. Wasser und Weinessig zum Sieden bringen, die Tomatenstücke hineingeben und einmal aufkochen lassen, dann herausnehmen. Den Zucker zum Wasser geben, einmal aufkochen, die Vanilleschote und Tomatenachtel dazugeben und so lange kochen, bis die Früchte glasig sind, dann herausnehmen. Den Saft wieder aufkochen, über die Tomaten gießen, auskühlen lassen. Dies so lange wiederholen, bis der Saft dicklich ist. Endgültig über die Tomaten gießen und kalt stellen.

Register

Bildquellen

Carmel/Komplett-Büro GmbH, München, Seite 111

CMA-Butterschmalz/ Komplett-Büro GmbH, München, Seite 35

CMA Centrale Marketinggesellschaft der deutschen Agrarwirtschaft m. b. H., Bonn, Seiten 6/7, 18, 118, 123

Fabritius-Dancu, Juliana, Transilvania Publicitate, Seiten 15 (Tracht), 71 (Tracht)

Gerescher, Konrad, Archiv, Freiberg, Seiten 13, 32

Graphisches Institut von Kroatien, Zagreb, Seiten 31 (2 Trachten), 91 (3 Trachten)

Heimatmuseum Gyönk, Seiten 51, 79

Jürgens Ost- und Europa-Photo, Köln, Seiten 9, 27 (links und rechts unten)

Kalifornische Rosinen/ Komplett-Büro GmbH, München, Seite 95

Kölner Zucker/ Pfeifer &Langen, Köln, Seiten 102/103

Konschitzki, Walter, Archiv, München, Seiten 26/27 (4)

Rohr, Robert, Archiv, München, Seite 113

Studio Kurt Sattelberger, Füssen, Seiten 2/3, 14/15, 30, 47, 50, 55, 66/67, 70/71, 75, 78/79, 86, 90/91, 114/115

Senz, Josef Volkmar, Straubing, Seite 27 (rechts oben)

Steppan, Johanna, Ungarn, Seite 115

Studio Teubner, Füssen, Seiten 23, 38, 58, 59, 63, 82, 99, 106, 107

Uncle Ben's Reis/Master Foods GmbH, Emmendingen, Seite 43

BLV Kochbücher – zuverlässiges Grundwissen und vielseitige Anregungen für Ihre Küche

Hedwig Maria Stuber

Ich helf dir kochen

Das umfassende, solide Universalkochbuch mit über 2000 Rezepten und Rezeptideen zum Kochen und Backen; großer Ratgeberteil mit wertvollen Tips für die Küchenpraxis, die gesunde Ernährung und Gästebewirtung; ansprechende Aufmachung mit 385 informativen Farbfotos; unkomplizierte Rezeptbeschreibungen.

Neuausgabe, 479 Seiten, 385 Farbfotos, 114 Zeichnungen

Antonio Piccinardi

Original Italienische Pasta

122 Pasta-Spezialitäten mit Fleisch, Gemüse, Käse und Ei, Fisch, Schal- und Krustentieren; Schritt-für-Schritt-Anleitungen in Fotoserien, Farbfotos der fertigen Gerichte; Tips zum Kochen und für Geräte, Weinempfehlungen.

Ausgezeichnet mit der Silbermedaille der Gastronomischen Akademie Deutschlands

2. Auflage, 191 Seiten, 398 Farbfotos, 40 Zeichnungen

Rotraud Degner

Schnell ein Essen für uns zwei

Kochbuch für Gerichte, die ohne großen Aufwand in 30 Minuten serviert werden können – mit hervorragender Rezept- und Bildqualität; Salate, Suppen und Saucen, Snacks, Fischgerichte, Fleisch, Geflügel, Wild, Gemüse, Pasta und Reis, Omeletts und Tortillas, Desserts, Schnelle Backstube; Tips für die Schnellküche.

Neuausgabe, 159 Seiten, 42 Farbfotos

Erna Horn

Bayrische Kuchl

Bayerische Eß- und Kochtradition in alten Originalrezepten zum Kochen, Braten und Backen von der »richtigen Supp'n« über Fleisch, Fisch, Gemüse, Mehlspeisen und vieles mehr bis zu »Weihnachtsplatzl« – mit Farbtafeln, Zeichnungen und Verserl.

Sonderausgabe, 207 Seiten, 8 Farbfotos, 41 Zeichnungen